Vana Bedaque

Amor sem tido
Amor sentido
A VERTIGEM DO LUTO

São Paulo
2020

Capa e reeditoração:
Pedro Drudi

Dados Internacionais de Catalogação na Publicação (CIP)
(Câmara Brasileira do Livro, SP, Brasil)

Bedaque, Vana

    Amor sem tido, amor sentido a vertigem do luto /
Vana Bedaque. -- São Paulo: Expressão e Arte Editora,
96p. 2008.

    ISBN 978-85-88423-83-1

    1.   Luto – Aspectos psicológicos 2. Morte –
Aspectos psicológicos 3. Perda I. Título.

08-06580   CDD-155.937

Índices para catálogo sistemático:
1. Luto: Aspectos psicológicos 155.937

Vana

Em dezembro de 1981, Vana e eu nos formamos na Faculdade de Psicologia da Universidade Paulista. Que formação! E com que mestres! Ficamos um bom tempo distantes, mas só fisicamente, nos tornando a encontrar depois na mesma Instituição onde realizávamos uma pós-graduação. Ela, em psicologia junguiana e, eu, em Psicanálise. Novamente outro distanciamento, em função de nossos percursos de vida. No ano em que faríamos vinte e cinco anos de formados, resolvi contatar alguns colegas da época, para comemorarmos, e a Vana, a meu ver, não poderia faltar, principalmente por sua expressividade à época da faculdade. Resolvemos nos encontrar antes mesmo do evento comemorativo. Almoçamos e passamos quase que o resto da tarde juntos, tempo ínfimo para tudo o que tínhamos para conversar. Foi nesse encontro que ela me confidenciou a questão do livro, bem como a história pessoal, a qual tinha dado origem ao mesmo. Ainda naquele então, me disse que gostaria que eu tomasse contato com o material e que eu expressasse minha opinião. Confesso que me vi diante de uma tarefa sem precedentes, para a qual não sabia se estava apto, uma vez que eu teria que entrar em contato com uma história pessoal de alguém muito querido. O tempo passou, problemas editoriais etc. e, de repente, recebo o material em minhas mãos. Comecei a ler de imediato e, por volta de duas horas da manhã, havia concluído a leitura de dois terços do trabalho. Não parei pelo adiantado da hora, mas sim pela densidade do material, frente ao qual eu precisava de um tempo para recarregar as baterias. No dia seguinte dei continuidade à leitura, e confesso que o impacto em meu ser não foi menor que no dia anterior.

Com certeza, foi preciso muita coragem e força, para que a Vana pudesse trazer público uma questão de foro íntimo de tamanhas proporções. Eu, pessoalmente, não sei se teria me dedicado a essa empreitada e, assim o fizesse, quase que com certeza não seria de maneira tão abrangente e tão lúcida. Claro que, para chegar a isso, com certeza a minha amiga teve que descer ao inferno, para depois finalmente renascer das cinzas. Nós não estávamos em contato nessa época que é retratada no texto e não vou dizer infelizmente. Acredito que se isso ocorreu dessa forma é porque tinha que ser assim. Talvez até por isso, seu texto tenha me impactado tanto, uma vez que praticamente todo o seu conteúdo, tenha sido novidade para mim, como o será para os leitores desse magnífico depoimento. Além do conteúdo extremamente denso, Vana nos brinda com conceitos centrais da obra de Carl Gustav Jung, criador da Psicologia Analítica, corrente teórico- clínica, na qual Vana fez a sua formação. Características de personalidade, lastro familiar, formação profissional, enfim, variáveis as quais, na sua somatória, redundaram na formação de um ser humano do mais alto calibre. Numa tentativa de elaboração do próprio luto, nos traz como que a boa nova: "até o luto morre". Concordo plenamente com a idéia de que alguém de quem muito gostamos, só vai morrer para nós de fato, quando da nossa morte. Penso, inclusive que, se talvez não tivessem tido essa relação tão intensa e fecunda, esse desenrolar trágico poderia ter ocorrido muito antes. Acredito que não passamos e que ninguém passa pelas nossas vidas em vão. Todos estamos onde devemos estar e no momento em que devemos estar. É bem verdade que a dor da perda é inexorável, contudo penso que podemos minimizá-la ao enfocarmos os ganhos. Ele ganhou em ter podido manter-se ligado à vida por mais tempo e, ela, por ter contribuído para isso, bem como por ter se tornado um ser humano muito melhor, mais sensível às coisas que realmente devem nos sensibilizar de fato. Quero deixar registrado o meu enorme agradecimento pela oportunidade de ter podido privar de uma fase tão íntima da vida dessa minha amiga, amizade essa que subsiste a tanto tempo e que, a meu ver, subsistirá por toda a nossa existência. Convido aos leitores que se permitam a acompanhar a Vana nesse percurso de vida tão intenso e fecundo.

Tovar Tomaselli

Prefácio

O filósofo dinamarquês Sören Kierkegaard diz, em seu *As obras do Amor*, que "o morto não é um objeto real; ele é tão somente a ocasião que constantemente revela o que reside no interior do vivente que se relaciona com ele [...]". É desta maneira que as palavras que lemos neste livro se apresentam: uma revelação de alguém com vida que nos convida a partilhar seu percurso que, paradoxalmente, tem início com a morte, esse fenômeno inexorável da vida que tem ocupado pensadores de todos os tempos.

Todavia, é exatamente esta situação limite, tomando emprestado o termo de Karl Jaspers, que se nos apresenta como a possibilidade de tomada de consciência do nosso próprio ser. Através de um monólogo com o morto, cujo silêncio faz ecoar suas lembranças, a autora estabelece um diálogo consigo mesma, diálogo marcado pela reflexão. Contudo, não se trata apenas de um ato de pensar; mas antes uma reflexão no sentido original do termo, *reflexio*, um inclinar-se para trás, isto é, diante de uma determinada situação, deter-se, lembrar-se, relacionar-se e se confrontar com aquilo que foi vivenciado. Reflexão, neste sentido, segundo Carl Gustav Jung, é uma atitude de tomada de consciência. Mas, uma tomada de consciência só se realiza mediante uma diferenciação.

Do ponto de vista psicológico, todas as vezes que estamos diante de situações para as quais não dispomos de recursos adequados para a adaptação, isto é, que representam um obstáculo ao contínuo fluir da energia psíquica, esta se detém. Esse estancamento provoca um acúmulo desta energia que, represada, tende a transbordar-se, o que se manifesta em atitudes carregadas de afetos. Aquilo que tínhamos como certezas nos parece agora como dúvidas; o que acreditávamos já não tem mais o mesmo sentido. Esta tensão entre os conteúdos conscientes – nossas certezas – e inconscientes – o que as coloca e dúvida, portanto seu contrário – gera um conflito que desencadeia uma inversão do sentido da energia psíquica que outrora caminhava para frente: volta-se para trás. Dessa forma, todos os conteúdos que não foram considerados para adaptação ao mundo adquirem um maior valor e passam a interferir na consciência: são os conteúdos inconscientes que representam novas possibilidades de vida. Dado que a psique è um sistema auto-regulador, esse movimento para frente e para trás da energia psíquica é natural e possibilita uma ampliação do campo da consciência, na medida em que podem ser trazidos à luz elementos que estavam obscuros.

Neste sentido, diante do maior dos limites – a morte – paralisamos, desesperamo-nos para em seguida questionarmos tudo aquilo que nos era certo e partimos em busca de respostas. Essa dinâmica não é invenção da Psicologia moderna, mas um mecanismo do humano, como atesta a mitologia. A mais antiga ilustração é a epopéia de Gilgamesh que, diante da morte do amigo Enkidu, a quem ele amava "como se ama uma mulher", chora amargamente, se desespera e já não pode descansar em paz. Sai, então, em busca da planta da imortalidade. Atravessa florestas, enfrenta grandes obstáculos e chega, enfim, à terra de Dilmun, no jardim do sol, onde está aquele que foi acolhido pelos deuses, que lhe concederam a vida eterna. Gilgamesh é submetido, então, a mais uma prova: lutar contra o sono durante 7 dias e 7 noites, luta que o herói não consegue vencer, pois é humano. Mas, por interferência de sua mulher, Utnapishtim, o Longínguo indica a Gilgamesh onde ele pode colher a planta que restaura a juventude perdida: no fundo das águas há uma planta com espinhos, como a rosa, que irá ferir suas mãos. Mais um obstáculo é superado: o rei Gilgamesh se põe de volta à sua terra com a planta que devolve ao homem sua força perdida. Porém, durante seu retorno, encontra um poço de água fresca onde vai se banhar. Uma serpente, que vivia no fundo do poço, atraída pelo cheiro da planta, sobe à superfície e rouba-a de Gilgamesh, trocando de pele imediatamente. O herói, então, depois de chorar, seguiu seu caminho e cumpriu seu destino de humano: morre em sua cidade, aclamado pelo povo.

Como Gigalmesh, Vana chora a morte de seu amado, paralisa, silencia, desespera-se, mas questiona o destino humano e sai, corajosamente, em busca de respostas. Sua reflexão, como o percurso de Gilgamesh, penetra a densa floresta dos momentos esquecidos, das atitudes não tomadas, dos encontros e desencontros, do espaço sem extensão, do tempo sem dimensão... E, de forma poética, transitando entre a teoria psicológica e a dor humana, entre mitologia e a ciência, transforma, tal qual o alquimista, chumbo em ouro. Como nos diz Jung, "com isso se descreve o estado de uma pessoa, que em sua peregrinação pelas peripécias da transformação psíquica, a qual muitas vezes se parece antes com o sofrimento do que com qualquer outra coisa, encontra uma alegria oculta que a reconcilia em seu isolamento aparente. " (Misterium Coniunctionis, p.. 185).

É neste chão aparentemente ressecado que Vana encontra o solo fértil onde a semente pode brotar e gerar muitos frutos.

Lílian Wurzba

A Vertigem

O vento avassalador chegou de forma inesperada levando o que eu acredito ser eterno, mas me intimidou a tal ponto que fui obrigada pelas circunstâncias de vida (ou de morte), virar a página.

Numa tarde de maio, outono de sol forte uma notícia me remeteria a uma longa jornada na tentativa de compreender, elaborar o sentido da morte.

A elaboração de um luto é um percurso tênue onde movimentos ondulatórios de ser e não ser; de ir e vir; de compreensão e incompreensão; de pensar e repensar; com todas as suas redundâncias e nuanças traduzem o fluxo de morte e vida. Mergulhar emaranhada no luto foi o trajeto que a vida me impôs a partir da perda de alguém significativo. Como vertigem, entrei nesse redemoinho e do estado mórbido que a morte provoca, onde muitas vezes, tive a impressão de que a própria vida girava em torno dela e, em conseqüência, eu própria retirei o sublime.

A perda de alguém querido, sempre propicia reflexão a respeito do trajeto de vida e como é, porque é, a passagem para o lado que desconhecemos.

Esse tema sempre me mobilizou, tanto que minha tese de mestrado está elaborada sobre como os profissionais que lidam em seu cotidiano com a morte iminente são impactados por ela.

Sempre elaborei meus questionamentos de vida por meio da escrita, mania que trago desde a adolescência, desta forma, resolvi escrever essa história.

Não pretendo ditar regras ou normas de luto, mas foi a maneira que encontrei para elaborar o meu. A dor pelo morto da gente é única, singular e cada um lida a sua maneira. "Choro de saudade do eu de mim que se vai com você que foi".

Por tudo isso, optei por manter os textos em sua forma bruta e ordem cronológica de produção, somente assim, o ritmo natural do próprio processo de luto com oscilações próprias do movimento de enlutar manifestariam a musicalidade desse período.

O leitor em sua excursão observará que o fato presente remete ao passado por meio de lembranças, sentimentos e afetos, para somente depois entregar-se ao futuro. Num deslocamento de o que é, o que foi e como será. E, talvez, essa compreensão do movimento permita esclarecer como será o futuro? Marcas e registros do passado foram relembradas, repensadas, revividas e refletidas.

A fidelidade dos registros possa, por meio da colagem desses fragmentos reflexivos, levarem o leitor a um norte de como se dá a elaboração do luto.

Somente espero, sinceramente, que as pessoas que passem por essa experiência possam refletir e vivenciar seus sentimentos de perda como eu estou podendo.

Vana Bedaque

Continência

O respeito que algumas pessoas tiveram pelos meus sentimentos de perda foi de particular importância naquele momento de enlutamento. Em especial as minhas filhas, Jade e Mayra e minha mãe, Irvany que souberam compartilhar e entender a minha dor, meu carinho e ressalva de como é importante sentir que se pertence a alguém.

Nesse momento também pude encontrar afago e continência na irmã, na mãe, no filho e na amiga que assim como eu vivenciavam o mesmo luto. Obrigada pela acolhida!

Aos meus amigos, familiares, alunos, pacientes presentes ou distantes, mas que estão ali ou aqui, minha reverência, pois auxiliam dia a dia nesse meu reencontro com a vida, e a própria existência.

Sempre gostei de gente, por isso optei pela prática da Psicologia. Talvez tentando compreender a alma humana me sinta mais perto da Totalidade!

Deixo ainda um alerta às minhas filhas, nunca saiam de casa sem me dar um beijo de até logo! (entendi o porquê insisto continuamente nisso). O gesto de ternura é que fica ancorado! Esse permanece para Sempre!

Para quem chorou comigo, para quem ponderou comigo, para aqueles que me escutaram, para você leitor dos meus pensamentos, meu maior respeito!

A cada perda um aviso,
A cada aviso uma suspeita,
A morte iminente
Espreita
Não tão silenciosa
Pois ela dá sinais de alerta
Embora cale
Fala pra quem souber compreender
Faz-se presente
Provoca ausência, vazio.
Manifesta-se inconsciente
Sonho inconseqüente sonho
Pois leva o mais querido
Provocando meu luto
É o meu morto
Diferente que qualquer morte
Quem parece e sente morrer sou eu
– É o meu morto!
Que embora calado
Grita no meu peito
Choro de saudade
Do eu de mim
Que se vai com você que foi
Partida sofrida
Arrancada sua parte minha
E por vezes, parece, maior que meu eu.
Tornando-se uma única e imensa saudade!

Conjugação do verbo VIVER

VIVER – Do lat. Vivere. Verbo intransitivo (aquele que exprime ação ou estado que não passa do sujeito para nenhum objeto) da segunda conjugação. Ter vida, estar com vida, existir, perdurar, durar, subsistir, passar para posteridade.

Sentada naquele banco de madeira que lembra um daqueles bancos de caramanchão, à minha frente olhava o jardim de vidas que jazem vividas. Umas mais outras menos, quem sou eu para julgar? Tive que refletir a minha vida. E essa, eu posso julgar. Esse foi um daqueles momentos que por circunstâncias de vida temos que obrigatoriamente parar para pensar. Que pareceram parar o tempo e a própria vida, naquelas horas fiz um retrospecto de tudo que vivemos ou deixamos de viver. Impotência! Sentimento de limite, de parada, tristeza profunda. Sensação de mortalidade presente, sensação de jazer. Quem parecia levitar como olhasse tudo à distância, como se a presença não estivesse ali, depois deitando lentamente estendendo-se no chão por pura necessidade era eu e não aqueles corpos esqueletos escondidos atrás dos vasos de flores coloridas. Chorei...

Chorei por você, pela perda, por mim... O vento ventou meus pensamentos trazendo um turbilhão de lembranças, pois só nelas eu podia me sentir segura e ventou a lágrima e esparramou-a pelo meu rosto cansado.

Aquele lugar era um misto de beleza e feiúra, amor e ódio, romance e desamor, o dia estava lindo, mas triste, desejava ficar e sair correndo até me perder no horizonte. A dualidade humana personificava-se em mim tornando uma concretude insuportável.

Diante de tudo aquilo embora amortecida, eu estava viva, continuava viva mesmo perante a inexorável morte! A perda!

Não compreendia se era a perda de você que partia ou a minha própria, pois o que perdia era tudo o que projetei em você e acreditei ser meu. A capacidade do ser humano em sonhar no outro o seu sonho é intrigante e assustadora.

A fragilidade da vida me invadiu e me fez mergulhar no limite da finitude. E a vida também permanecia inexorável.

Aquela certeza de ser uma com você ficava desvanecida e sentia a minha energia minguar escoando pelos poros. Uma parte de mim se ia e a outra tinha que ficar, embora, por momentos, tivesse vontade de ir.

Naquele momento presente o passado revivido como se fosse possível segurar a vida por meio daquelas lembranças, palavras, gestos, toques. O carinho, a vontade, o amor, a certeza era vivida e por instantes tive a quentude da sua mão no meu rosto, como se enxugasse as mesmas lágrimas que o vento inutilmente tentava secar. Conforto que ainda hoje se faz presente e conforta quente.

No meio daquele vazio uma continência de compartilhar com quem também perdia, com quem também sofria. Com a mãe, com a irmã, com o filho, a amiga, os amigos à distância... E foi sublime a divisão da dor como na santa ceia e a divisão do pão. É, apesar de tudo, Deus estava ali.

A existência deixava de ser, mas trazia como pano de fundo o Divino, a mão maior de algo ou alguém acima da pequena compreensão do homem.

Com a chegada daquele corpo que um dia me aqueceu e amou dentro da caixa lacrada e fria ficou ainda mais evidente que o invólucro não pode ser o ser, que é a alma que é o verdadeiro ser. Na vida o sentir de quem parte continua, sem forma, sem cheiro, sem som, mas fica, é sentido, é vivido. E permanece vivo.

E o tempo vai passando... E a vida fica, não pára e por isso continua e a saudade permanece todos os dias e noites. E vai sendo mais evidente como nossa ligação é além da vida ou da morte. Tudo permanece paralisado, sempre da mesma forma. O sentimento não muda. Sempre estivemos um no outro. E essa sensação que sempre presente na nossa relação, me faz viajar no tempo e lembrar...

Encontros e Desencontros

...Sempre comentávamos em nossas conversas de como de certa forma a vida nos pregava peças. E não poderíamos imaginar que a maior ainda estava por vir. A sensação é de que você saia por uma porta e eu entrava pela outra.

Moramos no mesmo bairro, em ruas paralelas (em virtude disso, nossos pais se conheceram); brincamos com os mesmos amigos e não sabíamos ainda que éramos nós; estudamos no mesmo colégio em épocas diferentes por questão da diferença etária. Mais tarde, meus professores de faculdade, haviam feito faculdade com você. (O humano sente-se mais seguro em território conhecido, por isso, é mais conveniente aproximar-se do semelhante).

Esbarramo-nos quando socorreu minha amiga vítima de um atropelamento. No corredor da UTI da Escola Paulista de Medicina você veio me explicar o quadro da sua paciente, da minha melhor amiga.

Naquela época não reparei em você.

Uns meses depois uma outra amiga passou mal na faculdade e a levei ao Hospital. Um dos meus professores, colega seu, sugeriu que o procurasse. Assim o fiz, aí começamos a nos perceber. Durante algumas vezes levei essa amiga ao hospital para fazer exames e aí passamos a nos observar à distância.

Uma prima teve encefalite e liguei procurando mais uma vez seus cuidados profissionais.

O telefone toca, vou atender e você se identifica. Intrigo-me, por que estará me ligando? Tolamente, as meninas são tolas, acreditava que quisesse conversar sobre os casos ou da minha prima ou da minha amiga de faculdade. Insistiu tanto que me convenceu e fui encontrá-lo.

Desci do meu carro entrei no seu e fomos jantar. Aí demos início ou continuidade a nós. Acho mesmo que foi nesse encontro que reconheci você, ainda que não me desse conta disso. Falávamos sobre os mais variados assuntos de forma animada e como se conversa com o melhor amigo. Com uma intimidade peculiar.

Quando o brilho do olhar encontrou o olhar do outro não poderíamos imaginar que nossas almas haviam se fundido se misturando no encontro aparentemente inocente de dois pretendentes. Deuses brincando de fazer gostar na tentativa de personificar o Amor. Nesse encontro de dois, o príncipe e princesa; pai e filha; mãe e filho; irmã, irmão; mulher e homem, num faz de conta de prováveis personagens vividos, revividos ou por viver. Arquétipos em movimento de pares complementares de tempos, de tempos e tempos vividos. Cunhados na humanidade representados naquele encontro de nós e que vivenciamos durante todos esses anos de encontros e desencontros.

Foi assim comigo e com você, a cada encontro uma batida mais forte de coração; a cada fala um carinho, um conforto; a cada olhar uma vontade; a cada partida uma saudade e vontade de ficar junto pra sempre.

O Ensaio

Todo ensaio é uma experiência, uma análise, um treino onde nos aperfeiçoarmos com relação a uma temática ou no caso dos atores, um treinamento para aprimorar-se no desenvolvimento de seus papéis. Falar sobre o que estou vivenciando é um processo de elaboração necessário para mim. É uma análise e uma interpretação dos meus papéis. Exprimir minhas reações pessoais diante da realidade da perda, falar sobre mim mesma está sendo um exercício de compreensão do próprio movimento da vida e da morte. (Pois essas são inseparáveis). A dor permanece de qualquer forma, mas, tentando situá-la entre o poético e o didático as idéias vão sendo colocadas em sem lugar. Ordenando-se de forma flexível e subjetiva. Essa maneira de expressar minhas idéias e experiências transborda minhas reações mais íntimas diante da realidade inevitável da perda, a respeito da concretude implacável de aprender a lidar com a morte. Sem estrutura pré-estabelecida, eclode numa imensa catarse. A lembrança é lembrada, deixa de ser reprimida, passa a ser expressa e conscientiza e vem pra limpar a alma.

Desta forma, vesti a mortalha do amor que partiu e resolvi colocarnos no papel. Cada persona retirada e recolocada em seu devido lugar. O que vivemos ou aquilo que gostaríamos de ter vivido e não materializamos. Sem julgamentos, sem culpas, apenas porque não foi vivido da maneira habitual, convencional, mas nunca tivemos dúvidas do que nos envolvia, do que sentíamos um pelo outro. E isso nos bastou! Nos amamos dessa maneira.

Entre nós, a linha mestra liga como um fio invisível que não rompe nem com a dimensão diferente que nos encontramos. Quando as Parcas teceram o fio do nosso destino por descuido, talvez, tenham entrelaçado os nossos e será que por isso os separaram desta forma brusca? Rompimento ríspido que arrebenta, mas o nó permanece apertado, indivisível. O vínculo baseado em amor fica independente de tempo, espaço ou estado. É um sentimento tácito, solitário (pois somente quem vivencia sabe o que é), mas sublime, mágico. Chega taciturno, invade ainda hoje meus dias, de repente e continua independente da ausência de quem se foi. O que se conserva é a parte boa, o carinho que tivemos um pelo outro, a amizade, o querer bem, o amor sentido. À nossa maneira vivemos nossa idiossincrasia, você comigo e eu com você. Num encontro de dois.

Esse ensaio é sobre a tangente entre morte e vida, pois, ironicamente, com a perda de quem se ama pode-se compreender a função dessa dualidade morte-vida na "infimidade" humana.

> Catarse. O método catártico consiste em provocar um efeito de "purgação", limpeza, purificação, que por meio do processo de conscientização de lembranças traumáticas, uma descarga adequada dos afetos, permite ao indivíduo evocar e reviver esses acontecimentos e ab-reagi-los.

A Pausa

Com um sinal silencioso, tentou me alertar, mas o limite do humano não foi capaz de interromper. Também que onipotência a minha... Como se fosse capaz e tivesse o poder sobre o viver e o morrer. Ainda mais de quem decide colocar-se o limite antes que a mão divina o faça.

A pausa... Cerca de dois meses antes de sua ruptura definitiva com o viver, tentei inutilmente falar ou encontrar você. A falta de retorno (nada habitual), de resposta trazia um desconforto, um aperto no peito, uma agitação. Passei a ter sonhos, provavelmente, trazidos por Morfeu, como se passasse um filme de nossa história me alertando que algo não ia bem. Em vão continuava tentar saber de você. A pausa que você tão bem pontuou anteciparia logo em seguida, a pausa definitiva.

A inquietude precedente previu que algo estava por acontecer... A interrupção da vida.

Os sonhos se manifestaram no decorrer desses dois meses de forma expressiva e intensa. Cada encontro nosso foi revivido, cada gesto que definia sua maneira de ser, as falas tão próprias, o sorriso, as gargalhadas, o seu sem jeito que eu adorava provocar, os toques, o carinho, o amor. No último sonho eu pedia para seu filho que se algo lhe acontecesse, se adoecesse, se necessitasse cuidados que, por favor, me avisasse.

Como não respondia minhas tentativas de contato e principalmente não me ligou no dia das mães (o que nunca ocorreu nesses anos), resolvi enviar um e-mail para o seu filho. O qual me foi respondido cerca de trinta minutos antes que eu soubesse de sua partida. Ele não havia recebido a triste notícia quando me enviou a resposta. O tempo não existe para a tecnologia da internet.

Como o velório só foi realizado no dia seguinte, ainda tive um outro sonho, no qual você havia levado um tiro.

Sonhos premonitórios que assinalaram sua morte e conseqüentemente minha perda.

Foi como se por meio da retrospectiva de nós eu pudesse conservá-lo mais tempo comigo, que, reavivando minha memória, cada detalhe o mantivesse vivo em minha companhia. O inconsciente trabalhava incessantemente na tentativa de contê-lo vivo. E conseguiu! Essa parte minha necessita saber que seu esforço não foi em vão. É como se ressuscitasse você dentro de mim. E desta forma, o perigo iminente pudesse esfumaçar-se se diluindo em brilho e não em pó. E a pausa pudesse ser pausada.

Sincronicidade

Perceber o de fora numa vivência interna. A relação existente entre fatos sincrônicos. O princípio da Sincronicidade se trata de um conceito da psicologia junguiana, baseado em coincidências entre um processo psíquico interno e um processo físico externo.

Esses fenômenos não ocorrem somente entre o de fora e o de dentro, mas entre o corpo e a alma. Por meio dos sentidos e sentimentos, entre essa mistura, a alma parece tomar um sentido carnal, material e o corpo uma dimensão transcendente, divina. Num instante somos todas as dimensões.

Nossa relação sempre foi permeada por essas pequenas e grandes "coincidências". Sinais de alerta, onde a necessidade de estar junto, de tornar-se presente, de manifestar-se atento, sempre foi reivindicada por meio desses signos sinais. Os acontecimentos de fora ou mesmo vivencias trazidas pelos sonhos nos direcionavam a nós mesmos. Como se nos lembrassem que deveríamos cuidar um do outro. Estar atento, participar do que ocorria nas nossas vidas que, por circunstâncias de vida, caminhavam paralelas.

Vivenciamos intensamente esse aspecto intrigante da nossa ligação. Os sinais eram tão evidentes que não podíamos negá-los. Falávamos dessas "coincidências" como se os deuses movimentassem o olimpo brincando com a vida da gente.

Fatos que nos abriam à possibilidade de compreensão e entendimento desse nosso vinculo.

Estranha Forma

Fora das convenções...
Maneira estranha de nos relacionarmos, confesso que tive que me acostumar. Durante muito tempo sofri com essa maneira de estar e não estar, de não viver junto, de uma ausência presente, de uma presença à distância, de pouco se ver e muito se falar e dizer. Sabia que se quisesse estar com você teria que ser desta forma. (ressaltado em nossas últimas conversas diante da minha insistência de nos encontrarmos).

– Você sabe, deixa assim, assim está bom! Disse-me em tom incisivo, mas cuidadoso e carinhoso.

Simplesmente compreendi e aceitei compartilhar dessa estranheza de estar junto (ainda que espiritualmente, de alma). Estranho amor. Reside no coração.

Nos últimos anos nossos encontros se davam por telefonemas fora de hora, mesmo em horas inoportunas (sempre tivemos essa liberdade), às vezes, vários por dia; por meio de cartas, cartões; conversas que duravam horas, dias, anos... E duraram, duraram, duraram... Jeito adolescente, até doentio de se comunicar e se relacionar. Mas essa foi a nossa maneira, com amor, com emoção, com sentimento, uma daquelas coisas que só a gente tem que resolver assumir ou não, desta ou daquela forma. E resolvemos deixar assim... E desse jeito vivemos essa história.

Linguagem plástica essa nossa forma de nos relacionarmos, numa música tocada a quatro mãos, como uma onda que vem e vai e chega à areia da praia, trazendo de volta a água que foi com gotas de água renovada. Espumando a vida como o champanhe aberto no primeiro raio de um novo ano. Coisas que ficaram somente entre a gente. Forma estranha que só nós entendíamos.

Quando a gente sabe tirar o bom do outro, olhar o que de melhor o outro tem pra dar, mesmo que esse num ato desvairado, tresloucado parta, fica o que de bom pudemos olhar e ter.

Amei você dentro do meu coração, sem limite das convenções, sem os limites deste plano. Fui amada, seu coração acolheu o meu continente e alerta sempre às necessidades do meu. E me alimentou, me iluminou, me acarinhou. E assim vivemos nossa estranha forma.

O vento correu, o tempo andou, e vivemos 25 anos a nossa espera. Espera dos planos que traçamos, compartilhamos e não materializamos.

A Morte

A bruma de Tânatos invadiu o ambiente, e a nuvem escura esfumaçou os olhos e o corpo dele.

Porque não evocou o irmão? Teve que optar por Tânatos? Os dois filhos da noite, gêmeos. Se escolhesse o outro apenas dormiria guardado sob as asas de Hipnos. Quem sabe o sono teria sido reparador retirando seu cansaço por viver. Por quê? Quem sabe...

E o sentimento de pesar pela perda de você me invadiu: Enlutei! E passei durante esses dias da minha vida a pensar sobre a morte e o morrer...

Talvez um dos fenômenos que mais desperta interesse no homem além da existência é a extinção da mesma. A morte sempre foi preocupação dos filósofos, psicólogos, médicos, dos homens.

Podemos encará-la do ponto de vista físico, onde quando cessa a vida, seja por morte natural, como velhice ou adoecimento (desgaste dos órgãos e tecidos), seja por causas externas, rompe-se o equilíbrio biológico indispensável para manutenção da vida. O coração deixa de bater, o ar é suspenso, o cérebro não pensa mais, a consciência desvanece, nem um único sinal se manifesta. Vem a quietude, a paralisação, nada circula, a mobilidade, a cessação das pulsações. A palidez toma conta, apaga o brilho do olhar, e a rigidez cadavérica invade desintegrando não somente o corpo, mas a própria vida.

Na morte se declara o desaparecimento de um corpo, mas em contra partida se sobrepõe à expressão de uma existência que permanece naqueles que ficam e naquilo que se constrói formando a história.

E sinto você vivo. Faz parte da minha história. Permanece a mão que toca meu rosto, ainda no funeral. O quente do conforto que diz claramente que tudo ficará bem.

Quando adormeço soluçando pelo pesar da partida, acordo na madrugada com sua mão me acalentando, passa suavemente acariciando meus cabelos. A sensação fica mesmo acordada. Sua presença está viva, então como pensar que com a morte do corpo tudo acaba?

A alma, o princípio da vida, concebida como separada do corpo é imortal. Se nela está a morada das faculdades psíquicas, sede dos afetos, dos sentimentos, do espírito, esta continua viva. Seja na lembrança, na sensação, no sentimento. E é nela que me conforto. O sorriso e o brilho contínuos, os mesmos, conhecidos, perpetuam presentes. E se o que se quer é que o nosso amor sempre viva, o nosso amor continua vivo!

A morte não é o fim!

Dúvidas

Como o ciclo contínuo do sol e da lua, o dia e a noite, a vida e a morte meus dias continuam e algumas dúvidas me vêem à cabeça, esfumaçando meus pensamentos. Onde estarás? Se é que estás? Como estás?

Abri o peito na tentativa de achar respostas dentre as grandes interrogações que o homem permanece incapaz de responder, solicitando aos céus que me sinalizassem onde estará você.

Meu amor eu sei que está, pois é. A substância física que na terra permanece em transformação, essa eu sei, mas e o resto, aquilo que fica, o de dentro, a essência, não o de fora? Onde estará? O estado da alma que se vai, como fica? O eu foi deteriorado? Onde ele está?

A morada subterrânea de Tártaro será sua atual residência? Como encarnaste a rebeldia de Sísifo frente aos desígnios divinos ou Shiva personificando a selvageria indomada, terá descido ao reino de Hades, o senhor dos mortos sem remissão de pena? Mesmo sendo influenciado por Seth, com seu espírito do mal? Não será digno de perdão? Será que seu coração foi levado à presença de Osíris, colocado no prato da balança para que fosse pesado em comparação com a pluma de Maat, pousada no outro prato? Na tentativa de verificar o justo e verdadeiro? Terá atravessado a ponte de Chinvat? A ponte larga para os justos ou a estreita para os perversos? Terá sido conduzido pelo deus além-túmulo, com sua cabeça de chacal, até a presença de Osíris, deus dos mortos? Onde Anúbis o teria encaminhado já que ele é o guia dos caminhos? Afinal, foi você quem interveio na história não permitindo que Deus o fizesse! Como estará enfrentando o julgamento que sobrevém à morte?

Se Zeus, pai dos deuses e dos homens; Odin com sua autoridade cósmica, pai universal não puderam impedir? Não leu nas runas o desfecho do seu destino? Thor estaria adormecido e embriagado pelo sono teria esquecido sua principal incumbência de proteger os homens e os deuses contra a terrível serpente Jörmungandr e contra os gigantes do mal deixando que esses prevalecessem?

Quem sou eu mera humana para querer deter esse poder? Quem sou eu até mesmo para questionar? Ter dúvidas? Julgar?

Se os deuses permitiram teria sido a Vontade Suprema? Se é ELE quem garante os valores morais, coloca ordem e razão no universo? Com sua superioridade ao homem terá elegido esse fim? Será mesmo o fim? Teria escolhido como Criador do Universo seu destino e em conseqüência o meu? Ou devo, simplesmente, me resignar e calar a voz estreita que aperta minha garganta?

Será que seu lugar no céu está vazio? E o céu chora com chuvas de granizo mais um filho perdido? Ou voou apoiado com asas de anjos e querubins encontrando paz e descanso? Seus ancestrais estariam presentes apoiando-o durante a passagem? O céu sendo o lugar dos justos foi considerado digno pelo deus dos mortos permitindo sua entrada nesse espaço acima de nossas cabeças, onde reina a felicidade infinita? E então pode descansar? Os mensageiros de Deus festejam sua chegada? Serás iniciado tendo assim a permissão para inteirar-se sobre os mistérios que os humanos desconhecem e pertencer à escala superior da primeira hierarquia dos anjos? Terá transcendido?

Questões, questionamentos que despencam na cabeça, apertam o coração, estreitam a garganta. Tento entender, compreender, organizar as idéias, perceber algum sinal interno ou do cosmos. Qual o verdadeiro sentido de ter que ser assim? Que mundo é esse? Que ciclo de transformação permanente é esse de vida e morte? Nascimento e morte? Origem e fim? Evoco Amon-Rá, o único criador da vida, num grito barulhento ou silencioso na tentativa de obter alguma resposta.

A morte não aparece como fato natural (como deveria ser), mas como um elemento estranho à criação, algo que necessita de justificativa para que possa entender esse plano duro da realidade.

Houve um tempo que a morte não existia, que foi aprisionada por Sísifo. Seu surgimento consta como castigo, como erro ou para evitar a superpopulação do mundo. De forma mais elaborada, o homem como ser imortal e habitante de um paraíso terreno perdeu essa condição e foi expulso do paraíso perdendo a imortalidade. Talvez, por isso, não compreenda a questão da morte: Castigo? Erro? Paraíso? Imortalidade?

Se cada um recebe aquilo que é seu, a parte que lhe cabe, não teria que dentro da mísera condição humana, me conformar com essa verdade? E calar as dúvidas?

Justiça...

Afinal, que justiça é essa que deixa um ser humano destruir-se dessa forma, perder as esperanças a ponto de não desejar mais viver?

O ato de julgar, conceitualizar, dar meu parecer, nesse movimento de circunspeção e ponderação, mesmo que a dança seja fúnebre, tento elaborar meu luto. E me percebo emaranhada no meio da grande interrogação que o homem permanece incapaz de responder.

O Tempo

A sucessão das horas, dos dias, dos anos, envolve para o homem a noção de passado, presente e futuro. Esse é o tempo... Aquele que registra, marca com marcas, "enruguesse". O tempo como momento ou ocasião apropriada para que alguma coisa se realize, para que aconteça tem que haver um tempo. Tempo propício, estação. Tempo de plantar e de colher. No preparo da terra para o plantio do que está por brotar. Época! Tempo! Dá coordenadas, orienta, período em que se vive ou acredita que se está vivendo.

O tempo é como a lua acesa, por vezes, mais ou menos acesa, mas sempre está lá. Cheia ou minguante, clara ou escura, permanece presente.

E aí surge a morte. E o tempo cessa. Onde vai parar? Tempo estático, tempo morto onde num único intervalo, numa única fração, entre um instante e outro uma decisão é tomada e o seu efeito muda o curso do tempo, da vida. E o tempo parece não passar.

– Com o tempo passa... O tempo é remédio para tudo! Palavras tolas, de quem desconhece a temporalidade, o ritmo do tempo.

Penso no tempo como temporal, como um vendaval que deixa muita coisa para trás. Leva a meninice, a juventude, o pai, a mãe, a segurança, o corpo, um amor. Mas não deve levar a alma, essa deve prevalecer. Não se pode permitir que leve o princípio da vida. Por isso, você permanece em mim, está no meu coração, está no meu pensamento na minha história real. E isso pertence somente a mim, a minha essência, a minha alma.

O tempo... Dele devemos aprender a tirar proveito, passar a usufruir o que o tempo pode trazer de bom. Pois ele também nos permite quebrar algumas convenções. É quem traz amplitude para a alma, entendimento, clareza. Faz com que abramos nosso coração e expandirmos nossos sentimentos. Só o tempo me ensinou e ensina a viver intimamente com nossa narração metódica.

O Espaço

A distância entre dois pontos ou intervalo de uma linha a outra, a área entre os limites determinados. Aquele lugar que pode conter alguma coisa. O espaço e o tempo me parecem parecidos em sua relatividade... Que lugar definido é esse que contém exatamente o quê? O espaço em branco...

Onde estou contida? Em que lugar? Qual será de fato meu lugar? E depois? Quando a morte chegar? E você que já se foi, onde estará contido? (embora muitas vezes, acredite que estás contido em meus pensamentos e lembranças, sendo assim, está contido em mim, no espaço que é seu e naquele que acredito ser eu!).

O espaço é uma extensão indefinida. O sol, os astros, as estrelas, as galáxias se perdem no espaço do universo. (E que universo será esse? O delimitado pelos astrônomos? Ou o indefinido, o inimaginário?).

E nessa trajetória desse ponto que sou eu, como o espaço me encontro vagando, nessa delonga de tentar, entre os espaços em branco de uma fala e outra, entre o branco de um pensamento e outro, compreender o sentido da morte e talvez, porque não, da própria vida. Procurando meu espaço nesse espaço.

Tempo e Espaço

O espaço é o vácuo que transcende a atmosfera terrestre, mas com presença. (não se pode esquecer disso!) Campos energéticos que geram forças diversas, com dinâmicas diferentes, movimentos próprios, matérias interplanetárias, interestelares ou mesmo intergalácticas, sendo assim um espaço ocupado sempre estará ocupado.

Os filósofos Aristóteles e Platão conceberam o espaço como um lugar onde se localizam os objetos e receptáculo de tudo que existe. Mesmo como um grão da mais ínfima partícula, ele está lá. Por isso, você continua existindo no espaço que criou dentro de mim, esse espaço pertence a você, permanece seu.

O tempo... Santo Agostinho já manifestava a dificuldade que nós humanos temos para estabelecer a noção de tempo, para nos relacionarmos com ele. O que é o tempo? Qual seu movimento? Qual o motivo de sua existência? Avança independente da nossa vontade, com direção ao futuro... Tempo é movimento: agora, antes e depois... Sempre segue...

Tempo e espaço, qual a relação desses com a consciência? A medida do tempo provém da alma da consciência que se tem da temporalidade, o tempo interno... Presente, passado e futuro são compreensíveis somente dentro da nossa subjetividade humana. A experiência que a gente vive internamente coincide com o tempo e o espaço.

As transformações também ocorrem dentro do tempo e do espaço. A existência deles é necessariamente sem começo, sem fim, linear ou contínua. Está dentro de nossas vidas e mortes. Essas continuam ocorrendo. Há um tempo e um espaço vividos na consciência individual, o tempo abstrato, o espaço que deixamos alguém ou algo preencher. Não corresponde a nenhuma realidade, a não ser a de cada um! Você pertence a minha!

Dá para separar espaço e tempo? Para Einstein, já não dava. Não há no universo um tempo absoluto, independente do que acontece com a consciência que o vivencia e observa. É simplesmente a ordem de sucessão das coisas que vivemos. Houve um tempo, um determinado espaço, que o conheci, minha vida modificou-se depois desse fenômeno do nosso encontro. Houve um tempo de vivências juntas e paralelas, com vínculo travado; houve um tempo da partida...

Creio que as pessoas que constroem essa história que nos molda sobrevivem por estarem contidas nesse espaço e nesse tempo que nos acolhe.

Como nossa psique funciona para além da causalidade espaço-temporal, e a alma mora aí, nosso encontro continua vivo nessa outra dimensão.

A relatividade tempo e espaço se manifesta na continuidade do sentimento que nos uniu. Mesmo que hoje, esse afeto tenha tomado outra forma.

Onde estou? (eu, o tempo e o espaço).

Esse tempo que me encontro, se desvanece, deixando pra trás o que está sendo, ao mesmo tempo em que é, o passado não é mais, e o futuro não é ainda, por isso, sou só presente (ainda que seja um instante efêmero). Tomar consciência do tempo e do espaço é aprender sobre a possibilidade de não ser...

O tempo é a marcha para o deixar de ser, o caminho para morte. Pois a temporalidade é a essência do ser, é a história da existência humana. Onde estou contida.

E eu existindo, caminho para possibilidade de ser, carregando a história que sou (e dela você faz parte). O passado é a realidade, e o futuro a possibilidade como potencialidade do que serei e ambos dirigem meu movimento e comportamentos do presente. Busco nesse processo constante integrar-me, complementar-me aspirando, talvez, o próprio renascimento. Pois esse é meu alvo.

Silêncio! (Assunto proibido!)

Quase dois meses se passaram que iniciei esse livro... Ainda não havia comentado com ninguém sobre o que estava escrevendo; uma amiga me ligou e insistiu para saber qual o tema que estava desenvolvendo, resolvi dizer:

–LUTO!

Imediatamente, antes mesmo que eu terminasse de falar, senti o silêncio do outro lado da linha. Um silêncio maior que a morte de quem se vai e daquele do qual quem fica revive a cada instante dessa falta. Silêncio...

Porque temos medo de falar sobre sentimentos que fazem parte da nossa vida? Como se as perdas, a morte de cada dia e a cada dia não existisse. Como se o cabelo não caísse, as rugas não chegassem, não houvesse partidas, não se perdessem amores ou desamores, etc..., etc... O silêncio, o proibido! Sentir e, principalmente falar sobre é como se fizesse o outro lembrar que também perde, também morre um pouco desde que nasceu. E isso ninguém quer lembrar!

Sem julgamentos, apenas num movimento reflexivo de elaborar, penso e repenso essas coisas.

Esse certo incômodo presenciei nos dias seguintes quando me perguntavam sobre o que estava escrevendo, nas mais diversas situações.

O ser humano é pitoresco, adora que fale dele, mas só daquilo que ele gosta e quer ouvir! O lado maníaco não pode conviver com a depressão (ainda que reativa). Esses sentimentos rotulados de tristes, para baixo, "down" são proibitivos, pertencem ao mundo subterrâneo, pois nos impõe a lembrança desagradável de que também enlutecemos e, o mais elementar e fundamental, que um dia também partiremos. Isso para maioria de nós é intolerável!

Esquecemos que somente as flores de plástico não murcham e não morrem.

– Que tema mais desagradável!

Continuar a pensar e peito pra dizer

Pensei inúmeras vezes em desistir, deixar pra lá esses textos como tantos outros perdidos no fundo das gavetas da minha casa. Por momentos me pareciam tolas escritas, que só diziam respeito a mim e a você. Mas, resolvi insistir, continuar. Achei melhor não lutar contra o que sinto, pois só permanecendo, teimosamente tentando escrever meus pensamentos, não choraria mais uma perda. (Não é momento de perder mais nada!) É, seria outra perda, outro luto.

A morte de uma idéia pode ser mais doída que a própria morte, acredito. Se não fosse desta forma, não existiriam os mártires, os líderes, os pensadores: Pessoas que dão a morte como vida para que uma única idéia sobreviva.

E assim, o mergulho nas profundezas desse mar em tormenta transformou-se em um chapinhar na poça d'água, sem o peso de me importar com o acerto ou erro, se os textos serão palatáveis ou não. Apenas, permiti abrir as portas da alma e entrei na dimensão da reflexão de mim.

Os Sonhos e a morte

Uma seqüência de imagens, atos, idéias, representações, fenômenos psíquicos que involuntariamente ocorrem durante o sono. Podem manifestar um desejo, uma vontade, uma ilusão, uma premonição. De forma simbólica nos informa como está nosso inconsciente.

Os sonhos não podem ser produzidos, ocorrem de forma espontânea, tenta nos dizer aquilo que necessitamos saber, ainda que não decodifiquemos no momento. Como o anjo protetor, cuida da gente preservando nossas funções, mantendo o equilíbrio homeostático da alma.

A alma inconsciente conhece a morte e não a ignora. Por meio de sonhos que antecederam minhas perdas, de certa forma, me informavam que alguma coisa estaria para acontecer, alguma mudança inevitável. Não dependia da minha interferência ou não, simplesmente um aviso, um alerta.

Estar atento aos sonhos, talvez, seja a forma que encontrei para me preparar para as mortes de entes tão queridos, tão significativos para mim. Assim como no processo de análise, as mudanças se dão primeiramente no mundo dos sonhos. E essas perdas me remeteriam à mudanças significativas. Esses sonhos tentavam me preparar para lidar com a ocorrência dessas futuras perdas. Mudanças inevitáveis diante da vida em conseqüência dessas mortes. Como se as imagens registrassem mais um pedaço da história que vivi junto daqueles que estariam por partir, pedaços de mim. O significado que cada uma dessas pessoas queridas deixou faz parte de mim até hoje, me dá forma, movimento, cor e deixam saudade. Meu inconsciente, como o melhor amigo, tenta abrir meus olhos sobre eu mesma, quem me rodeia, meu mundo.

Os sonhos ligados à experiência da morte podem ser considerados a expressão do arquétipo. Arquétipo consiste em imagens psíquicas do inconsciente coletivo por isso, padrões e patrimônio comuns a toda humanidade. Situações da natureza humana que ordenam. Metáforas sobre a morte e o morrer. Interpretá-las é meu maior desafio.

Desde a adolescência convivo com esses sonhos, um vislumbre de que algo esta por acontecer... A primeira lembrança que tenho foi da morte do Papa João XXIII: uma cruz iluminada surgiu na porta do meu quarto. Um brilho tão intenso que perdurou ainda mesmo que acordada. E brilha ainda hoje intensamente na minha lembrança! Assim o tempo fica inexistente, a força da lembrança traz o instante de volta fazendo-o perdurar.

E assim foi com a perda da amiga; do professor querido; do mestre; do pai; do amor.

Já deveria ter me acostumado com essa minha maneira de funcionar, mas sempre me surpreendo com essas informações.

Um amigo que me acompanha há alguns anos me disse:- Quando sonhar comigo não me conte! De forma jocosa, manifestou seu receio de entrar em contato com uma possível premunição. (acredito que no lugar dele também não gostaria de saber de tal sonho!).

Viver à sombra da morte, ter que encarar situações relativas à morte e o morrer não se traduz como uma tarefa muito fácil. Esse é mais um daqueles convites que a vida nos traz nas entrelinhas: ou refletimos sobre esses acontecimentos e sentimentos ou passaremos a vida acreditando que fomos injustiçados por ela. As emoções que envolvem o processo de vida e morte influem em nossa vida dia a dia. Olhar as perdas e saber delas retirar ganhos cabe somente a cada um de nós e depende aonde queremos chegar com nossa vida.

O namoro

Namorar. Inspirar amor à, apaixonar, cativar, atrair, seduzir, desejar, empregar todos os esforços por obter, atrair, procurar conquistar, encantar-se, agradar-se.

Iniciamos nosso namoro cerca de oito meses antes da sua ida para os Estados Unidos. Começamos algo que já sabíamos que nos traria uma separação. Mas o estar junto era delicioso, a cada descoberta mais vontade, mais carinho, mais amor e aceitamos viver assim enquanto pudéssemos viver. E ao nos relacionarmos, estávamos misturados, emaranhados, como poderíamos partir um do outro? Um ano passaria rápido, esperaríamos. Nossos destinos estavam traçados juntos e nada poderia nos afastar. (acreditávamos onipotentemente nisso).

Durante esses meses nos víamos constantemente, estivemos em cada lugar que você quis despedir-se. Na rua da casa que morou quando menino; no colégio onde estudamos; no bairro que vivemos; no campus da Faculdade; no Hospital onde trabalhava. E desta forma me fez conhecer você, cada canto, cada parte sua me mostrou num retrospecto de vida. Juntando sua história me mostrou você.

Adorávamos procurar um bom restaurante, uma lanchonete da moda, mais um canto para estarmos juntos. À volta para casa sempre de madrugada era, na época, sem preocupações. Tínhamos a mania de voltar eu deitada no seu colo e você dirigindo. Ríamos da possibilidade de alguém achar que falava sozinho. Adorávamos zombar do mundo como se nele só existíssemos nós. Jeito nosso de conversar, manias nossas!

Ficar junto era sempre esperado com expectativa de primeira vez. O coração passa a bater forte com a possibilidade, quer se pegar, se tocar, se abraçar, se amar. Vivemos intensamente esses meses. Passamos por experiências de intimidade e cumplicidade que só namorados trocam. E assim, dividimos a vida!

Conheci seu filho.

Compartilhávamos da vida como se a morte não existisse.

No dia do seu embarque, ainda no aeroporto, tive a sensação da primeira morte. Foi como se arrancasse um pedaço de mim, uma ameaça de perda parecia pairar no ar.

Durante todo ano seguinte falávamos por telefone, escrevi diariamente. Como se compulsivamente pudesse estar e me perpetuar em você e você em mim. (Talvez, nos habituamos a esse jeito de se falar, por isso demos continuidade a essa maneira de estar juntos. O ser humano tem uma preguiça peculiar e acomoda-se facilmente a mesmice, talvez...).

O ano passou e você retornou e logo em seguida foi chamado de volta (os americanos dão valor inestimável para quem trabalha com pesquisa). Sugeriu a possibilidade de que eu fosse junto.

– Minha volta para os EUA depende de três pessoas: Meu filho, minha mãe e de você!

Era meu último período de faculdade, como iria deixar minha formatura, minha carreira? Não estava preparada para abandonar minha família, meu país. (mais um desencontro). Imaturidade? Medo? Não tinha de ser? Terminaria primeiro a faculdade, daí poderíamos ficar juntos, aqui ou em outro país. Inocência de acreditar que o tempo não nos afastaria. Continuamos a nos falar por telefonemas e cartas, porém dessa vez cada vez mais escassos...

Desta forma, uma longa lacuna invadiu nossa relação, período doído e incompreensível de ausência, numa tentativa sã, resolvi tocar a vida apenas com a lembrança do que havia ficado para trás, apenas uma boa lembrança! Continuava tendo notícias suas de vida por meio de amigos em comum, e por vezes você me enviava um cartão de natal ou de aniversário.

Casei e tive filhas. Divorciei-me.

Voltamos a nos falar, assim tive uma inesperada e feliz surpresa quando me falou de como eu era importante pra você e que sempre estive presente em seus planos de retomada quando de volta ao Brasil. E, agora também, estava divorciado. Aqui tivemos a certeza que o tempo não existe na dimensão da alma. O amor não se orienta pelo tempo dos homens!

Sim, poderíamos recompor nossa canção. Viver o que deixamos pendurado no fundo da nossa intimidade, nos nossos sonhos, retomar o sentimento mais precioso que guardamos por esses anos de separação. Recomeçamos novamente a namorar, você voltaria em breve para o Brasil, ficaríamos juntos. Sempre que vinha ao país antes do seu retorno definitivo nos víamos, falávamos e vivíamos como se o tempo não tivesse nos modificado, sempre como da primeira vez, de quando iniciamos nosso namoro. A vida parecia não ter passado, era como se não tivéssemos nos separado.

Só quem foi cativado e cativou alguém sabe a nuança desse matiz. E assim, atraídos e encantados pelo poder ser, fomos nos envolvendo e emaranhando nossos novelos de vida mais uma vez. Inspirados no nosso amor, desta vez, empenharíamos todos os esforços para ficarmos juntos. Não poderíamos deixar a possibilidade nos ser roubada novamente. Nada impediria nossa felicidade, nem mesmo o destino teria esse direito! (era como pensávamos e acreditávamos).

Flashes

Cada detalhe passa a dar informações precisas com importância relevante do quanto significa aqueles pequenos gestos, objetos, palavras, sinais... Num clarão rápido e intenso se revive e repassa a vida vivida com quem se foi. Como que nesse instante mágico, onde o *flash* pisca, fosse capaz de fornecer a luz necessária para se fazer, como numa fotografia, o registro permanente da imagem que se quer guardar dentro do coração de quem fica.

Adeus

Poderia ser simplesmente um gesto, um cumprimento, uma saudação, mas naquele instante que me encontrava com você deitado no ataúde e o morto era você, tomou a dimensão esmagadora da saudade, da partida, do que eu estava perdendo.

Precisei, mais uma vez, dizer-te: – Adeus! (E embora falasse baixo, era como se gritasse na tentativa inútil de acordá-lo daquele sono final).

Durante esses anos, dissemos inúmeras vezes adeus, nos saguões dos aeroportos, ou por telefonemas rápidos, já na hora do embargue. Dessa vez, somente eu falei: Adeus! Sua voz permaneceu em silêncio, mas ressoou com um som mudo ensurdecedor. O desaparecimento, a despedida, a separação era inevitável e manifestava-se naquele último e gélido adeus!

O abraço

O abraço permanece ancorado e o carinho se perpetua. Na lembrança de quem fica, imagens, gestos, palavras, fazem durar para sempre o amor trocado. Permeando a alma com sabor de realmente existir. Dávamos uma importância particular ao abraço. Penso no seu abraço e o trago para perto de mim.

O calor seduz acolhendo o coração, as mãos envolvem o corpo demonstrando acolhimento, amizade, ligação, união. Nessa fusão, como uma bolha protetora, a energia emanada pelos corpos se mistura penetrando um no outro. Você em mim eu em você. E assim você ficou em mim e me vi completamente sua, como uma cápsula indivisível. Tudo isso talhado no gesto simples de um abraço.

O toque fica registrado e emana você em cada célula, em cada órgão. É visceral, contínuo e emaranha as almas.

Parece que os inconscientes se confundem de forma consciente, talvez por isso é que o abraço de quem parte fica presente e continua abraçando.

E nessa comunhão revivo você. Nossos abraços... Chegam desapercebidos, aquecem o frio, abraçando a ausência de você! Confortam-me, me trazem felicidade de ter vivido o nosso bom, de ter podido abraçar você! E numa permuta com Deus, peço que não leve essa impressão de mim, não tire minhas asas. Coisa que acontece na intimidade da minha alma, no fundo escuro do meu eu. E retribuo me encolhendo no seu abraço como o pouso do passarinho no galho alto e firme da árvore num dia quente de sol.

O Rosto

A mão desliza em cada marca registrada no rosto. Em cada detalhe, cada vinco, cada expressão assinalada pelo cansaço e desesperança da vida. Foi desta forma que me despedi de você. Deitado no caixão lacrado por outras mãos, ainda que sobre o vidro, acarinhei seu rosto vitrificado por trás do vidro. Tinha que ser desta forma; sabíamos que o toque no rosto seria a mais sutil despedida como num tempo passado foi. A testa ainda lisa, com a marca da preocupação estampada no centro entre as sobrancelhas carrancudas; o círculo orbital acompanha os olhos cerrados, sem olhar; têmporas fundas; o nariz sem olfato; a boca sem paladar, sem beijo; a mandíbula muda, sem mordida; o rosto, agora, pálido. E a mão perde o rumo diante da palidez, não sabe bem aonde percorrer, frio vidro! Comentamos tantas vezes da mão e o toque no rosto... As mãos ainda reviveriam o trajeto pelas marcas da vida no rosto! (Eu revivi!).

Num dia distante, a mão percorreu o mesmo rosto, na carne, sem vidro ou lacre, jovem, com vigor, vontade de viver e quente. Onde a vida pulsava forte, trazendo desejo e esperança. E dessa maneira nos amamos: a mão e o rosto.

E amei você pela última vez, a mão, o vidro e o rosto. Mas, ainda que o toque tenha percorrido pelas marcas da morte, ironicamente, me trouxe lembranças e vida: minha mão e seu rosto!

O pulôver branco

Um símbolo, o branco pode representar uma raça, um sentido de inocência, a incapacidade de pensar, designar um tipo de arma, uma simples cor onde na retina reproduz a luz não decomposta, a união de todas as cores. É a cor habitual da limpeza, clareza, utilizada pela autoridade médica como sua representante.

O pulôver, uma peça do vestuário, normalmente de lã que aquece nos dias de frio.

Esquecido no banco detrás do meu carro, permaneceu em silêncio até que o achasse por acaso. Um pulôver de lã branco. Pra mim passou desde então, a ser um pedacinho que restou de você! Guardei-o como se guarda o maior segredo durante muito tempo, de maneira imaculada, ninguém poderia violar o lacre e mexer naquele objeto tão precioso. (coisa de louco, confesso). Representava você! Trazia seu cheiro, sua energia.

Num ato falho, num lapso deixou um objeto que traria constantemente um significado concreto de você comigo. (adorava mexer com você interpretando esse ato "intencional aparentemente desapercebido, acidental", produzido pelo seu desejo inconsciente de ficar comigo.).

Quando lhe contei que havia esquecido comigo um dos seus pulôveres preferido:

– Fica com você! Pra você! Assim está bem guardado. (ouvi por traz de uma gostosa risada ao telefone). E o guardei com o carinho da criança que guarda o único brinquedo.

Com o passar dos anos, passei a usá-lo, passou a fazer parte do meu guarda-roupa, me aquece de forma translúcida nos dias mais frios! (Ainda que amarelado pelo tempo.).

O último encontro vivo

Seus retornos apagavam suas ausências. Sempre foi assim desta maneira. Cada vez que nos encontrávamos era como se as lacunas da ausência não existissem. E talvez você se aproveitasse disso, afinal eu permitia que assim fosse. Aprendi com o tempo que teria que ser desse jeito e nesse espaço bem delimitado.

Em nosso último encontro, saímos para jantar. Revivemos, relembramos cada momento que vivemos juntos. Os lugares, os passeios, as situações que passamos, até mesmo as faltas, cada detalhe, fizemos questão de repensá-las. Lembrá-las foi como se vivêssemos novamente.

– Nós convivemos pouco, um lado meu você desconhece... Frase dita nesse encontro que somente hoje, faz sentido. Foi um dito sem falar, um aviso incompreendido, não dada à devida atenção de quem estava eufórica em encontrar-te! Toma vida, pois ligo os pedaços das peças embaralhadas desse jogo que foi nossa relação, essa frase deixada no fundo do esquecimento, toma nova proporção, explicando o inexplicável.

Encaixar a vida no lugar requer paciência. Com esse quebra-cabeça na mão, cada peça pensante tem que ser digerida na cabeça, no coração e no íntimo da alma. E tento encaixar cada gesto, cada palavra, cada silêncio, lacuna, todos os encontros e desencontros em seu lugar remontando sua figura, reconstruindo sua imagem em mim.

O último encontro em vida trouxe, como de costume, a vida renovada, promessas trocadas, esperança.

Encontro

Como a confluência de dois rios, o rio da minha vida encontrou com o rio da sua, nosso esbarrão pela vida se deu assim.

É no encontro com o outro que nos descobrimos. Quando nos defrontamos com alguém nos deparamos com a gente mesmo. Como se estivéssemos diante do espelho somos compelidos a nos encararmos. Você me fez olhar para quem sou eu.

Deparar-se com você pelo percurso da minha vida a transformou. Ir ter com você, fosse pessoalmente ou por meio de telefonemas, cartas, movimentava meus dias, aqueceu minhas noites.

Os encontros verdadeiros não passam impunes. Somos modificados e modificamos. E isso traduz a própria vida.

Vinicius de Moraes bem disse em seu Samba da Benção: "A vida é a arte do encontro!".

PS. Hoje, embora de forma intrigante, ainda nos encontramos. E a sensação é de conforto. Encontro esse que se dá na cabeça e na sensação. É curioso, mas sei quando está bem, tranqüilo ou aflito, incomodado com algo que daí não pode modificar. Sei quando solicita meu auxílio. Como se do plano em que se encontra se fundisse neste plano por meio de meus pensamentos. Como se os emprestasse a você. E desta forma você possa passar a atuar neste meio. Encontro travado no espaço da alma.

As últimas conversas

Os últimos seis meses, antes da sua falta de retorno, estivemos mais ligados do que nunca, nos falávamos quase que diariamente, por isso eu novamente insisti para que saíssemos, senão para jantar, um café, um almoço, um só nos ver. Mas você foi categórico quando disse que teria que ser dessa forma! E mais uma vez na minha resignação (ainda que impaciente) não mais insisti. Brinquei que teria que voltar outra vida (se houver outra vida) só por causa desse nosso jeito estranho, dessa nossa forma torta de nos querermos, mal resolvida, má acabada. Ríamos como se tudo fosse uma grande brincadeira. Afinal, ríamos da nossa própria vida!

Nos telefonemas a sensação era de como se estivéssemos atravessando pelo fio do aparelho, num encontro, numa fusão de espíritos. Chegamos a comentar e debochar dessa impressão.

Fechando os olhos, num "dissolvimento" do corpo, a matéria se transforma em nuvem e passa como a eletricidade misturando, você se perde dentro de mim e eu em você. O espaço deixa de ser empecilho. Como se tentássemos nos segurar, como um pressentimento. Caminhos cruzados, mesmo sem consciência, agem assim.

O premio... No início do ano saiu uma reportagem no jornal sobre o prêmio que recebeu da Universidade de Cambridge. Enquanto não se certificou do que eu havia achado, das falas, da foto, não sossegou. Ligou-me várias vezes. Agiu como um menino que solicita aprovação. Sorriu descontraidamente quando se sentiu acolhido, ainda querido apesar dos anos passados registrados na foto. Um menino. Meu menino.

Sua preocupação com minhas coisas era mais evidente nesse período. Insistia em saber se tudo estava em seu lugar, comigo, com a família, com trabalho, enfim com tudo que cerca minha vida.

O tempo e o espaço, a distância, a falta se manifestavam inexistentes. Nenhum desses limites humanos tinham significado. Como se o resto do mundo deixasse de existir. Para nós só éramos naqueles instantes de conversas. Assuntos nossos, do cotidiano, solicitações ou comentários pessoais sobre o mundo amortecido lá fora, mas o que permanecia pulsando e vivo era o poder dizer e escutar um do outro. O estar naquelas pequenas conversas era o que refletia a nossa vida e a nossa própria existência.

Os sinais de separação inapelável pareciam pairar no ar, como uma mensagem nas entrelinhas. A ausência definitiva flutuava sobre nossas cabeças. No comovente planejamento da proximidade da morte, é freqüente que se manifeste tudo àquilo que ficou guardado nas profundezas do eu, no centro da alma. Como se surgisse antecipadamente um labirinto de nostalgia. Um incômodo, uma inquietude se manteve presente nesses últimos meses em nossas conversas.

Amiga do silêncio (Irma Sanchez)

A hora definitiva do velório é quando o caixão é encaminhado para o enterro, aí parece que o fato da morte toma vida, se concretiza a perda. Permaneci à distância, esse momento pertenceria á família, a mãe, o filho, a irmã, a ex-mulher. Esses sim deveriam ficar a seu lado e discretamente me afastei observando todo movimento à distância. Não me recordo das palavras do pastor, não conseguia me fixar em outra coisa que não fosse que era chegada a hora. Seria a última vez que veria você, ainda que lacrado pelas mãos humanas e imobilizado pelas mãos de Plutão (deus das profundezas e dos mortos). Sentia-me como se fosse explodir, vontade de gritar, de chorar, entorpecida, obnubilada. Nesse exato momento você se aproximou.

Chegou de forma mansa, delicada, trouxe conforto, carinho e firmeza: - Vá se despedir dele! Disse-me a voz amiga, colocando a mão delicadamente no meu ombro, me dando força, coragem para me aproximar pela última vez do seu caixão.

A palavra dita na hora certa, do jeito exato, toma a dimensão da manifestação do Divino. Como um único e simples gesto na hora precisa se traduz no significado do sagrado? Nosso encontro foi sublime! Manifestou sensibilidade, respeito pelo meu sentimento de perda, entendimento. Há de ser grande essa pessoa, especial, amiga! Ler o outro, compreender o sentimento alheio não é para qualquer um. Saber olhar para o momento do outro, empatizá-lo, acolhê-lo no momento correto, num silencio precioso, foi desta forma que conheci uma nova velha amiga no seu velório. Achegou-se, talvez, no meu maior momento de solidão. E nesse gesto, como num empurrão necessário para que me despedisse definitivamente de você antes de ser enterrado, me fez companhia. Obrigada pela amizade, amiga!

Preservar o outro

Adimensão de atingir o outro, se tornar significativo para o outro, foi uma novidade para mim. Só me dei conta quando você me falou. Sabia o quanto você significava para mim, mas eu pra você... Feliz surpresa!

O significado, o que alguém representa para a gente, a importância que o outro tem é um mistério que dentro da gente constrói forma, cor, dimensão e toma vida própria e passa a ser, a existir como uma parte da gente. Como se a nossa alma colasse a outra alma formando um uníssono de SER. Ter sentido para alguém é que dá luz a nosso caminho do viver. Pudemos trazer um ao outro esse sentido, mesmo que algumas cabeças interpretem como sem tido.

Passei também por episódio de depressão, devido à circunstâncias de vida que, na época, ainda brigava e discutia, em vão com as divindades superiores e com a própria vida. Momento de grande conflito! Só quem passa por essa experiência sabe realmente o que é. O fundo escuro, sombrio do eu invade e passa a ditar regras e ordens destrutivas. Por ser, talvez, profissional da alma, tenha observado a chegada taciturna dessa sombra e providenciei junto a um amigo médico tratamento para trazê-la à luz. Por isso, não passou de um episódio e logo foi controlada. Projeções intensas davam contorno a esses cuidados de um para o outro.

Nessa fase, você demonstrou enorme preocupação comigo, sempre ligava querendo saber se estava tomando os medicamentos de forma controlada, fazendo acompanhamento psicoterápico , etc... Todos nós temos uma caixa preta camuflada, escondida, guardada. E se aberta, fantasmas passam a pairar em torno de nós e daqueles que nos rodeiam.

A bipolaridade... O conflito entre o bem e o mal, uma guerra entre Deus e o Diabo. O lado escuro, sombrio e o lado da luz, batalha travada internamente, mas manifestada nessa necessidade de me preservar do contato com o lado feio. (o qual tentou me expor, ainda que timidamente, durante nosso último encontro.).

O afastamento, o evitar se encontrar, hoje, traduzo como uma separação necessária, um livrar-me de algo que pudesse me contaminar, fazer mal. Como se dessa maneira, pudesse me conservar sem dano, como se pela proximidade corresse perigo iminente. Como se os demônios internos fossem capazes de me envolver em suas capas negras e me levassem para um mundo subterrâneo numa dança de horrores. Preservar-me do contato com sua doença de alma seria a única forma de manter-me ao seu lado. Uma estratégia de defesa.

Maior prova de amor não podia esperar! Manter-me à distância, creio, foi para me preservar.

Compasso Descompassado

Existe uma linha tênue entre a sanidade e a loucura, assim como entre a vida e a morte. Só quem vivencia a possível queda de um lado ou de outro do fio dessa corda bamba, ou a ameaça continua da perda sabe o que é. Somente quem sofre a turbulência de ter uma alma em desespero sabe de fato o que é. Tudo está contido no mesmo recipiente. As ambigüidades humanas! Dois pólos do mesmo planeta, de um único mundo em conflito. A bipolaridade manifesta a luta travada internamente entre o bem e o mal. Deus e o Diabo. O lado escuro, sombrio e o lado da luz.

Questiono minha sanidade e minha loucura e, principalmente, quando chegará minha última hora. Estarei preparada?(se é que alguém se prepara para deixar de ser parte consciente, se é que é isso, e mergulhar na totalidade do inconsciente...).

Enquanto escrevo esses textos, vivencio meu luto, minha história de vida passa como filme vivido e entre vidas e mortes me encontro e reencontro... Penso, repenso, ensaio, tento compreender o significado até então da própria vida vivida, do caminho que trilhei até aqui. Dar o passo seguinte implica em vivenciar a dor, encarar as falhas e faltas. Sofrer faz parte de estar viva e continuar vivendo. E nesse confronto com a morte, tento reconhecer o sentido da vida!

Mais uma vez, questiono nossa forma de fazer de conta. Qual dos nossos lados teria se encontrado? O sadio ou o insano? Ou num cruzamento dos dois lados nossos, na tentativa de buscar a sanidade, de se unir, trazíamos equilíbrio um para o outro? O porto seguro estava nessa forma da gente deixar ser.

Na noite do inconsciente, o baú de madeira pesado revirado, traz à tona mensagens da claridão do dia e também da escuridão profunda da noite. A sanidade e a loucura mesclam cada encontro e desencontro da gente com a gente mesmo e da gente com o outro. Talvez esse movimento de manter-se em homeostase constante faça parte da maturidade. Tem que se ter coragem para invadir esse mar profundo onde fantasmas são levantados das tumbas. Mas, a cada movimento de entendimento, há de se restaurar o baú, recriar, reinventar e transformá-lo num baú de brinquedos e passar a brincar com os fantasmas como a criança com seu amigo invisível.

Será essa a vivência que a oportunidade metanóica pode nos trazer? A lucidez de repensar a vida, buscar novas diretrizes, novos prismas para que prossiga de forma sã? Tem que ser mergulhando nessa insanidade que faz parte de cada um de nós? Duvidando da sanidade e equilíbrio aparentes como no vulcão onde a massa borbulhante está lá, aparentemente, adormecida. E só assim, percorrer a segunda metade da vida de maneira plena, segura. Que o caminho mais próximo do fim possa ser singelo, sublime, o melhor encontro com a gente mesmo. Como na frase de Santo Agostinho: "Existe alguém dentro de mim que é mais do que eu mesmo." É, existe dentro do meu eu um outro eu que é mais do que eu e do que meu próprio eu! E esse será meu maior encontro: um encontro de eus.

Metanóia

É o meio dia da vida. Em torno dos 45 anos, onde nos damos conta que a morte pode surgir e nos pegar desprevenidos. Como se nesse momento misterioso, período de conversão, só então, nascesse à possibilidade da morte!

Na vivência dessa passagem para segunda metade da vida é que nos damos conta que a morte sempre existe olhando para nós. É quando percebemos que o envelhecimento chega espreitando. Devemos então nos preparar para declinar e morrer.

Por que a encaramos como cilada? Se está sempre a nos observar, pairando no ar num momento perpétuo? Deveríamos tê-la como a companheira de vigília e não como rival.

Quando elaborado, compreendido o sentido da vida passa a ser uma preparação para o entendimento da morte ou, pelo menos, preparar-se para atingir essa meta inevitável. Esse pode ser o processo de individuação.

Individuar-se significa fazer-se indivíduo. É ser singular, e ser o mais singular possível. Com plasticidade única, é a expressão mais fiel e íntima de cada um de nós. Reconhecer-se tal com se é, consciente e inconsciente, com limites, com o que se tem e não tem; com o que se sente sem tido e sentido. Esse é um processo ininterrupto de aprimoramento pessoal destinado a orientar a personalidade para algo maior e transcendente.

Se tornar completo é de forma mais abrangente escancarar nosso potencial sem medo de ser julgado pela vida, reconhecer o lugar que nos cabe, nossa função e missão.

Conquistar o próprio centro implica em contatar os pólos opostos e aprender que não é um ou outro, mas sim ora um ora outro e todos os matizes dessa cor.

Período em que me vejo cheia de possibilidades!

Ficar fora de si mesmo é um exercício de observar-se e encarar as limitações, as incoerências, o lado assombrado, pode traduzir-se numa radiante luz com brilho peculiar.

Mera questão de opção, o mistério de antes ou depois, pode ser vivenciado ou deixado escondido no fundo do inconsciente vendado.

Retirar as vendas, os véus, pode ser doloroso, mas também magnífico. Pois cada descoberta valiosa conduz a gente á plenitude. Neste ponto, mais uma vez tenho que agradecer essa oportunidade que a vida me propicia, escrever, refletir minhas perdas e sobre a morte, vem a cada passo, me vislumbrando uma gama enorme de possibilidades e em conseqüência, inúmeros ganhos e isso me faz sentir viva! E nesse contraponto com a morte é que me sinto viva. (ironia feliz!).

Poder vivenciar o processo me faz sentir, o sangue corre aquecido nas veias e o coração bate presente.

O silêncio de você me remeteu ao barulho do interno e transformá-lo na mais linda melodia cabe somente a mim.

Epílogo

Minando a alma, escoando a vida pelo ralo, é assim que o ato de dar morte a si próprio, a ruína procurada por livre vontade me parece acontecer. A alma perde a força, a libido, a vontade de viver e sem reação, ou melhor, numa reação violenta, busca alívio, deixando a vida escorrer pelos canos do esgoto da fatalidade da morte. A essência de Ser perde a luta para o escuro da sombra.

A sombra, o fundo escuro, lado não exposto ao sol do eu invade e passa a ditar regras e ordens destrutivas. Embaralha os pensamentos, obnubila a mente.

Briga-se com as forças Superiores e com a própria vida, num processo de rejeição do que a nossa biografia nos convida a escrever. Momento de grande conflito onde em vez de empunhar o lápis e projetar a casa, demolimos a parede de proteção sem mesmo tentar reerguê-la.

O irromper da astenia da vida transborda invadindo e devastando o campo de flores. O desejo de morrer passa a ser encarado como uma parceria com a morte. Busca de consolo diante das amarguras da vida, na ilusão de encontrar a paz. Cessar a dor quando o futuro nos parece desolador se mostra a única saída. A separação com o mundo sem perspectiva se torna idéia obsessiva e numa compulsão, se expulsa a vida. Escangalhado resolve incinerar a dor bebendo a embriaguez da morte.

O suicídio passa a ser um plano de vida.

A dimensão desprovida de tempo e espaço parece tomar um significado decisivo nesse processo de definição. Como se a continuidade do ser pudesse permanecer sem sofrimento trazido pela vida desesperançosa, como se o eu desta maneira fosse em busca destorcida e desesperada da cura. Assim a morte passa a ser onde a tormenta cessa, restando a calmaria, o silêncio e a paz.

A travessia do portal passa a ser a maior realização.

O comprometimento da gente com a escolha feita traz medo, dúvidas, insegurança, sentimentos que fazem parte do próprio processo de escolha. Compreender envolve discordar, mas respeitar. Viver a vida até seu ponto final é nossa maior missão!

Chorar

Nos dias que seguiram, após sua morte, chorei... chorei...chorei...e, ainda, choro...

As lágrimas brotam exprimindo minha tristeza, a dor manifesta meu desgosto, a saudade profunda do perdido, da ausência definitiva. Esse lamentar contínuo chega me dominando, antes, às vezes por meio de soluços incontidos e esse fenômeno meramente fisiológico reflexo, além de consistir nas contrações espasmódicas do diafragma, constituía em uma força avassaladora com forma que tentava esmagar minha alma, contrair e dominar meus pensamentos, atormentando minhas idéias. Outras vezes, ainda hoje, num pranto quase que silencioso, me acalma, me traz conforto, chega manso, num acalanto para tentar me fazer adormecer.

Chorar desintoxica a alma e me fez compreender: - Suportar a despedida é um processo contínuo...

Rituais

A importância do rito como forma de ordenar, regras que seguem preceitos estabelecidos na tentativa de orientar já se é sabido. Vivenciar os rituais referentes ao luto, funeral, missas, etc... auxiliam a organizar o que está ocorrendo, mesmo sendo movidos por uma diretriz que vem de fora coloca o interno no prumo. Por meio desses ritos relacionados à morte, o grupo, a família, os amigos reorganizam suas relações e encontram um momento para refletir sobre a própria finitude. Dentro dessas convenções sociais encontramos certo conforto.

No dia do seu funeral me arrumei como se fosse ao nosso primeiro encontro, escolhi o traje com cuidado e o perfume que gostava. Já no ritual de me arrumar me preparava para o momento do seu enterro. Morbidez necessária, afinal me arrumei para encontrá-lo pela última vez.

O ritual é a expressão simbólica dos sentimentos e atitudes inconscientes de cada um ou de um grupo. O fato real e cruel da perda é enfeitado para poder ser suportado. Tive que me enfeitar para conter o que estava acontecendo, mesmo que, ainda, não me desse conta do que acorria de fato.

Nos rituais funerários desde a antiguidade, o mais significativo é a crença de que o homem sobreviveria depois da morte e seus feitos acompanhavam-no até o final. Desta forma, a existência seria para toda eternidade. Os faraós eram enterrados com seus bens mais preciosos. A vida depois da morte era considerada semelhante à terrena, por esse motivo, enterravam com o defunto elementos de uso cotidiano e nas tumbas eram feitas pinturas que documentavam seus hábitos e costumes. Seus amuletos também o acompanhavam, pois teria que continuar sendo protegido. Confesso que pensei em colocar algo meu em seu caixão na tentativa vã de permanecer em sua vida após seu enterro, de estar com você.

O ato com que a igreja comemora a Ceia de Cristo e seu sacrifício pela humanidade é celebrado na missa. Esse significado refletido hoje, remeteu-me, provavelmente, a importância de rezá-la por você (e por mim). De certa forma você também se sacrificou pela humanidade. Fato corroborado quando no velório sua mãe deixou claro que você era filho

Dele e que Ele sabia o que era o melhor e o que tinha de ser. Ela entregou-o em Suas Mãos, como eu não faria o mesmo?

A missa, compartilhada com minha mãe e a amiga teve um significado especial com a presença dessas pessoas. Como se só elas me compreendessem e me ouvissem caladas, repartindo comigo a minha dor na tentativa de diminuí-la. O silêncio era suficiente para conter minha imensa dor do sétimo dia. E, ceiamos seu sacrifício na missa que mandei rezar.

Estige, o rio dos infernos. Às suas margens se agrupam as almas dos que morreram e não receberam honras fúnebres. Não poderia deixá-lo sem essas últimas homenagens, forma pela qual acredito ter sido um tempo necessário de adeus. Não poderia deixá-lo entregue ás margens geladas desse rio.

A existência do inconsciente coletivo permite compreender a universalidade das manifestações ritualísticas, dos símbolos e mitos, pois em todas as culturas o ritual fúnebre, os ritos de passagem, de lidar com as perdas se fazem presentes seja em que tempo for. Os mitos seriam uma das manifestações dos arquétipos ou modelos que surgem do inconsciente da humanidade e que constituem a base da psique humana. Assim preserva-se a sanidade diante de uma perda significativa. Mergulhei no inconsciente. Afinal, a separação da alma com o corpo merece ser reverenciada!

Finados

Dia dos mortos. Esse ano foi diferente. Mais um rito necessário para organizar as idéias e lavar a minha mente, elaborar minhas perdas.

Alguém que morre também mata. Quem morre não morre isoladamente, outras mortes ocorrem a sua volta. Pedaços de quem parte são enterrados junto ao seu funeral, outras partes permanecem vivas num *continuum*. São pedaços da história que sou. Nesse dia de finados, todos meus mortos foram comemorados como partes minhas que revivem nas boas lembranças e no amor sentido, vivido e revivido. Permanecerão enquanto eu também permanecer!

A morte é o futuro

Só permanece vivo quem conseguir encarar que a morte se inicia com o nascimento. Nossa maior diretriz é atingir a morte! Cara a cara com o espelho refletindo o verdadeiro eu, sem personas e reconhecendo a própria sombra. Nascemos para nos prepararmos para morrer. (feliz e triste descoberta!). As perdas no decorrer da vida são um ensaio para a nossa própria passagem. Nas horas que temos que enfrentar essas perdas é que temos o encontro com o Mais Elevado, com o Sublime (a perda de você me propiciou, isso. Obrigada!).É essa a nossa meta de vida: Morrer! Buscar estar preparada para ela é o nosso maior percurso e mais árduo. Desapegar-se é doído, solitário, mas inevitável! Quero ir e convido você a ir comigo, com a clareza da mente ao encontro com a morte. O importante é estar consciente quando tiver de ir ao seu encontro. Poder se decidir como passar pelo portal inexorável do nosso futuro: com leveza ou desassossego?

A cada perda, a cada luto, a alma se prepara para o desnudamento da matéria e de corpo nu de corpo encontrar-se com a Totalidade. Nossa vida não é moldada por nós mesmos, o dedo de Deus se faz evidente. E é nessa hora que se manifesta mais presente.

O luto é de quem vai, pois, quem parte continua, quem passa o tempo ou pelo tempo somos nós, os vivos. A transitoriedade da vida é que nos enlutece. Enlutece quem está vivo.

"A única conclusão é morrer". Frase de Fernando Pessoa em *LisbonRevisited* (1923).

O Consolo de cada um

Cada um á sua maneira tem um jeito próprio de consolar quem perdeu. Aqueles que me querem bem manifestaram um carinho peculiar. Cada gesto, cada palavra, foi de significado especial, particular. Tocou fundo tentando colar meu coração estilhaçado na tentativa de acolher e resgatar os pedaços.

Algumas pessoas amigas lamentaram junto a mim a sua morte. Choram comigo num canto magoado dividindo comigo meu pesar. Mas o poder estar junto, permitir-se estar junto acalentou meus dias tristes trazendo de volta a luz. Os amigos são de grande valia. Filha, seu pranto compartilhado me aquece a alma e nos religam as entranhas, ao ventre.

– As grandes histórias de amor nunca terminam bem! Uma delas me pontuou. E como foi importante ouvir essa frase! Nada mais confortante do que se constatar o sentimento que sinto! Compreender que o ungüento que me alivia é a lembrança da possibilidade que foi, e é ela que ainda me alimenta. Entender que minha vida mudou depois que esbarrou na de quem partiu e que esse amor continua vivo apesar da morte presente. Amiga, obrigada por reconhecer o meu amor!

Há quem ouviu minhas dúvidas, angústias, queixas, minhas histórias. Ter com quem dividir o mais íntimo é coisa de irmandade, não tem preço. Amiga, muito, muito, obrigada!

Àquelas que me acompanharam no ritual da missa, nossos laços se firmaram ainda mais num nó indissolúvel.

– Ele optou por isso, fez sua escolha. Pense assim... A razão também traz sabedoria, aponta caminhos para quem sofre a dor de uma perda. Filha, obrigada pela sua sensatez presente nos meus dias.

Os fragmentos foram se juntando e pouco a pouco os estilhaços do espelho partido puderam ser colados formando um mosaico que novamente tento colorir no cotidiano. E o apagado pela perda, foi formando um espectro de luz. Poder saber que temos amigos e família com quem podemos contar é recurso fundamental nessas horas. Gente querida que divide, compartilha com a gente. E o gosto pela vida vai sendo redescoberto a cada encontro com um desses amigos, filhas e mãe, a cada dia. Passo a passo, lentamente. Cada gesto pertinente a minha dor é que me remonta e impulsiona para vida.

Hoje, com o passar dos meses, perdôo mesmo quem não me compreendeu, entendo que lidar com a perda, com o sofrimento do outro é difícil. Para alguns essa dificuldade faz com que agridam, neguem o que para o outro envolve sentimento, tem sentido e significado especial. Tem um limite claro que o outro não pode suportar ou entender. Mero jeito de cada um!

A *mandala da saudade*

Algum tempo depois de sua morte pesquisando um site na internet, encontrei uma mandala que representava a saudade de alguém que se foi. Outra coincidência nesse diagrama composto por círculos e quadrados concêntricos?

A projeção é um mecanismo intrigante que movimenta o ser humano. Emanamos no outro nossas necessidades, desejos, impulsos, quem queremos que ele seja. Como se expulsássemos de nós mesmos e localizássemos no outro qualidades, sentimentos que recusamos na gente mesmo. Nos colocamos no outro e nos objetos.

No centro dessa imagem do mundo inconsciente que manifesta e serve de instrumento de meditação, uma grande esfera amarela, brilha e contornos em tons de azul, rosa, verde e lilás se misturam num movimento sutil no quadro da mandala. Essa foi a imagem que me identifiquei sem saber o que significava. Quando fui me interar do seu significado... Surpresa! O oráculo me dizia: "Você perdeu alguém recentemente ou está morrendo de saudade de uma pessoa?" Então, sugeria um exercício de imaginação ativa: o exercício para a saudade. A proposta é que durante 21 dias, diariamente, mentalize um local e encontre essa pessoa e diga a ela tudo que ficou por dizer e não foi dito, tudo que ela representa para você, etc..., escute o que ela tem a dizer, abrace-a e a coloque dentro do seu coração.

Com tantas mandalas para serem escolhidas, escolhi justamente aquela que me levaria até você. Coisas das projeções e do inconsciente...

Se você também tiver saudade de alguém que se foi, usufrua desse exercício.

O exercício

- Procure um ambiente calmo. (sem interrupções ou interferências).
- Sente-se com os pés apoiados no chão ou deitado em decúbito dorsal.
- Faça tudo com a imaginação.
- Feche os olhos
- Inspire, expire lentamente. (sem interferir no movimento respiratório).
- Imagine que você está num jardim. Sinta cada detalhe deste lugar, ouça, veja as flores, os pássaros, sinta o calor do local, por trás de uma árvore surge a pessoa que você tem saudade.
- Aproxime-se dela e diga o que tiver vontade, o que necessita dizer, receba seu abraço e ouça o que ela tem a dizer. Vivencie esse abraço. Mostre a ela esse jardim bonito, todos os detalhes.
- Fotografe essa cena e coloque-a dentro do seu coração.
- Respire fundo. (Lentamente movimente os dedos dos pés, das mãos, vire a cabeça de um lado, de outro, se necessitar espreguice).
- Abra os olhos.

Obituário

O registro da sua morte ficou marcado por dentro.

Morreu numa tarde de maio onde o sol brilhava, porém, somente do lado de fora. Com apenas 54 anos, faleceu o médico neurocirurgião, mas acima de tudo, você: meu amor sentido. Dedicou sua vida à medicina, publicou inúmeros trabalhos e livros. E, principalmente, preencheu meus melhores sonhos, ainda traz minha melhor lembrança. (E é isso que me importa.).

Epígrafe   Epitáfio –

A inscrição do seu túmulo, o elogio fúnebre.

Os monumentos ou placas colocadas nos túmulos são a expressão plástica da crença num destino ultraterreno e num vínculo do homem com a terra e o universo.

Apenas seu nome e na frente: Dr.!

Imortalidade

A regularidade e precisão dos movimentos dos astros devem ter sido com certeza, uma imagem poderosa na formação da idéia sobre a temporalidade, o tempo transcendente, a eternidade. O tempo será cíclico, como os astros, ou linear como o horizonte? Existe ou é mera convenção humana? Tudo que acontece, acontece uma única vez? Num acontecimento único e irrepetível? Num relance de segundo? E a existência? A vida? O encontro de almas? O que é "imortável"?

Sua imortalidade impressa no social, presente no meio daqueles que conviveram com você, seus alunos, pacientes, amigos, familiares, em mim, por meio de recursos e estudos que desenvolveu, criando técnicas cirúrgicas que continuam e continuarão sendo ensinadas e ironicamente durante muito tempo salvará vidas do coma.

A imortalidade que não morre por meio de sua obra que nunca terá fim, pois se perpetua nas vidas que salvou, e continuam salvando outras vidas. Quem não passa em branco pela vida continua vivo. Continuar sendo é estar presente. Pertencer à história de alguém é continuar vivendo. (Talvez, seus feitos tenham sido o meio de transpor, transgredir a morte, permanecendo!). Se jamais esquecido é imortal! Assim, mais uma vez você continua vivo dentro de cada outra vida enquanto essa viver. E cada uma quando se for viverá em alguma outra vida e assim sucessivamente. Desta forma, sempre se continua vivo.

A filosofia atribui a alma à qualidade de ser imortal, onde esta sobrevive indefinidamente à morte, conservando suas características individuais. Cada qual tem sua tarefa, cada qual tem a parte que lhe cabe na história da humanidade.

Continuar a existir é tomar ciência que se faz parte do todo. O um faz parte do todo, cada qual é um pedaço do outro em algum momento. Os laços de amor que nos une são imortais. Parece-me que esse compasso é que faz com que a gente se torne "imorredouro".

Transformação   Transição

O movimento de transformar, encaixar a vida no lugar é um processo como a própria vida o é. Mesmo na hora da minha morte, apesar de muitos acreditarem que é a última hora, quero perpetuar-me em transformação. Não quero que o medo da morte me traga medo de viver a vida nem mesmo no último suspiro. Que a transição possa ser tranqüila, sublime, na hora que for minha.

Que eu possa subir na pedra vermelha e usufruir a transformação que a morte me propiciará! E como a ave fênix renascer das cinzas num vôo para a vida renovada. E que a transformação contínua seja um processo de alquimia sempre. Pois a vida é um processo, onde a morte se faz presente e mesmo diante da nossa própria morte estaremos em transformação.

Nascimento e morte fazem parte da condição humana, e estão presentes em cada e toda experiência de transformação.

A metamorfose gerada pela morte transborda pelos poros de quem fica vivo, provoca mudança de estrutura, muda o prumo da coluna, e nos obriga a reconquistar o eixo e a vida.

Como bem observado por Jung: "Quando o homem não percebe seu próprio envolvimento... ele ignora todas as transformações, relegando-as às suas imagens, enquanto ele próprio permanece imutável".

Lidar com a morte, essa experiência trouxe mudanças profundas no mais íntimo de minha alma, me transformando num ser-humano-melhor. A vida passa a ter novo sentido. A repercussão é infinita! A transformação é continua! Quando o vento da vida passa, as coisas mudam. Não há como não se modificar, transformar.

Agora, fico à espera de viver a frase de Goethe: "Morre e transforma-te.".

Rezar

Não é uma questão de razão, nem mesmo de crença. O céu antes povoado por deuses, hoje se ilumina e escancara suas portas para receber essas forças que sobrepõe e se impõem ao pensamento e a própria vontade humana se manifestando de forma autônoma. As estrelas com suas pontas azuis abraçam o coração, a alma trazendo seu brilho para dentro. É assim que sinto a oração. Por meio dela a energia da dor se transforma trazendo serenidade ao coração fechado e me ensina a conviver com o nunca mais. Não tem que ser falada, não precisa se saber de cor (sem ao menos compreender o que se diz), é uma conversa interna e com o que se foi ou ainda com Aquele Maior, mas tem que ser sentida! No espaço onde a solidão é sublime, onde há comunhão entre o céu e a terra, aí mora a oração.

Faz com que possamos celebrar a vida mesmo depois que perdemos, perdemos, perdemos... Como se pétalas de rosas fossem caindo sobre minha cabeça como bênçãos recebidas do céu (assim o céu retribui minhas preces). Um segredo precioso que o ato de rezar me ensinou. (coisa que meu pai sempre tentou me transmitir).

Diariamente, aos primeiros raios de sol, quando se anuncia um novo dia, escuto os cânticos e hinos entoados nas portas dos templos e rezo para alma da humanidade. Agradeço por estar viva. Quando o santuário fecha suas portas para o descanso, à noite oro por você, por mim e pelos meus. Peço pelos meus mortos e pelos vivos. E, novamente, agradeço por continuar viva. E solicito que me iluminem do lado de cá.

Nessa pequena prece, falo com Deus e peço auxílio aos meus outros mortos para ajudarem, iluminando seu caminho do outro lado da vida:

Que as dores tenham cessado, da alma e do corpo,
Que as marcas tenham sido apagadas, (ainda que tenham deixado cicatrizes).
Que seus limites tenham se ampliado,
Que a passagem pelo túnel tenha sido iluminada.
E, que tenha sido acolhido nos braços de Deus-Pai!

Pátria amada Brasil

Seu retorno ao Brasil foi adiado inúmeras vezes, quem faz um trabalho como o que você fazia é valorizado e bem remunerado pelos americanos. Eles não permitem um bom profissional e pesquisador sair de lá. Mas, isso não o satisfazia mais. Desejava retornar ao seu país.

– Já atingi o máximo academicamente falando, deixei minha vida aí no Brasil, pretendo voltar retomar o que sacrifiquei nesses anos de trabalho e exílio. Reconquistar meu filho, minha família, constituir nova família com você, minha vida social, é aí que sei viver!

Quando chegou, a cada tentativa uma frustração, o reconhecimento profissional, a segurança financeira, a confiança de poder caminhar nas ruas, coisas que ficavam a cada dia mais ilusório, mais distante. O país havia mergulhado em dificuldades, falcatruas e corrupções (o que reflete em cada cidadão brasileiro). Sentia-se enganado, ludibriado, incapaz. Como retomaria seu sonho se suas mínimas expectativas não estavam sendo preenchidas? Que qualidade de vida é essa? Não se consegue o mínimo, sem dignidade fica impossível retomar o sonho, reconstruir a vida. Não poderia oferecer nada, não recebia nada. (a instabilidade gerava desconfiança e traduzia-se em não poder ser). Pátria ingrata, amada, Brazil!

Obs. Perdas que você não conseguiu lidar.

Referendo ao desarmamento

A vida é frágil, pode acabar com o toque do gatilho.
Sim ou não, não ou sim?
A questão da comercialização e vendas de armas e munição no Brasil será votada no próximo mês de outubro. O país terá que optar pelo sim ou não.

Como se essa fosse a questão primordial do país e por meio da liberação ou não da venda de armas e munições estaríamos mais seguros para caminhar com a vida! Como se afastássemos a insegurança da morte!

Se por um lado, é subestimar nossa compreensão e inteligência, alegando-se que o desarmamento irá diminuir a violência do país, também é fato mais uma comercialização de interesses por trás disso tudo.

Acredito que pelo menos a maioria da população humana é a favor de paz e da vida! (ainda quero crer que seja a maioria de fato!). Preciso acreditar na humanidade para continuar vivendo!

Paz precisa ser construída. Essa não será mais uma manobra política que abusa da inocência e ingenuidade de quem deseja a paz?

Já acompanhei em minha atividade hospitalar um número significativo de "acidentes" com armas. Hoje não se morre de gripe espanhola, porém de bala perdida!

Se por um lado o acesso dificultado facilita o tráfico e a curiosidade, por outro, inibe de verdade o consumo. Inibe? Que armas são essas? Qual a verdadeira procedência?

Avalanches de informações invadem a mídia e nossas cabeças, algumas verdades, outras grandes farsas.

Também é sabido que quem quer dar cabo da vida dá sempre um jeito. Com arma ou sem, quando alguém decide, não há retorno.

Eu opto pela dignidade da vida! E acredito que isso não há necessidade de referendo! Viver sem mortes fora do contexto e dinâmica natural da vida!

Mais uma ironia do destino? Justamente nesse período eu ter que escolher pelo sim ou não?

Obs. Fatos externos que nesse momento em particular encontraram um significado interno.

Estrela Azul

Como uma tatuagem que fica pra sempre subiu até o céu permanecendo iluminando a noite escura da terra. A morte a mim, por vezes, se traduz assim, como mais um brilho de estrela azul no céu, um novo ponto de luz que ilumina. Um conforto que trago interiorizado.

Em vez de cortar os pulsos fiz uma estrela azul que retrata o que de melhor nosso encontro pela vida me propiciou. Introduzi na minha pele o azul da estrela que marca, sinaliza a passagem da sua vida pela minha. Por meio desse sinal perpetuei nossa confluência dos rios de nossas vidas! E, principalmente, a nova fase da minha existência sem você. Afinal, a vida continua e isso teria de ser registrado. O céu produz novas estrelas, basta olharmos para cima e encontrá-las. Quem dá o brilho a elas somos nós. (Mesmo que essa estrela orbite somente no meu pedaço de céu.).

Mais um rito de passagem, de fechamento de um ciclo e conseqüente abertura de outro.

Cartas ridículas cartas

Como no poema "Todas as cartas de Amor São" de
Álvaro de Campos

*Todas as cartas de amor são
Ridículas.
Não seriam cartas de amor se não fossem
Ridículas.
Também escrevi em meu tempo cartas de
Amor.
Como as outras,
Ridículas.
As cartas de amor, se há amor,
Têm de ser
Ridículas.
Quem me dera no tempo em que escrevia
Sem dar por isso
Cartas de amor
Ridículas.
Afinal,
Só as criaturas que nunca escreveram
Cartas de amor,
É que são
Ridículas.*

Cada um daqueles sinais gráficos se juntava formando fonemas que traduziam nossa maneira de se fazer presente, de estar juntos, expressava nossos pensamentos e desejos mais íntimos, declarávamos por meio da forma escrita nosso amor. Palavras e palavras, frases que traziam promessas de ser feliz e esperança de possibilidade.

A caligrafia sem falhas, com traçado firme, precisa, desenho com a exatidão das mãos de um neurocirurgião, representação rara. Escreveram na minha alma. Comunicação manuscrita que para mim representava muito mais um mapa de navegação que me encaminhava até você.

A toda chegada do carteiro, o coração batia mais alto, aquele mensageiro, mesmo sem se dar conta, trazia a luz que iluminava meus dias, notícias de confiança em conseguir aquilo que desejávamos.

Trago dentro do meu coração, guardado como num cofre essa maneira de falar e dizer, e viajo para o lado do sonho vivido e revivo quando releio suas cartas. As emoções perpetuam-se nas palavras lidas. Sua energia se faz presente. A letra precisa me traz precisão na vida.

Ainda bem que pude e posso ter a escrita como companheira, o que demonstro mais uma vez nesses textos. Essa expressão me acompanha em todas as horas, sejam de felicidade ou de aflição. E com sua sabedoria, retira as marcas da dor e limpa as angustias transformando minha própria vida em poema.

A inspiração que você sempre me trouxe, pode ter ficado perdida em papéis enrugados pelo tempo, porém as palavras, tenho certeza, permanecem gravadas na alma. Sem o limite do tempo ou do espaço. Ah a força das palavras!

Coincidências da vida

Questão de identidade, mesma forma, dimensão única. Essa igualdade esteve constantemente presente em nossos caminhos. Algumas pessoas com significado único para cada um de nós traduziram, corroboraram nossa responsabilidade de um para com o outro. Coincidências que a vida trouxe? Como acredito que nada acontece por acaso...

Cuidamos de olhos abertos dessas pessoas tão queridas. E fique tranqüilo, que mesmo á distância, permaneço atenta e continuo cuidando.

Essa simultaneidade de acontecimentos nos trouxe muitas vezes segurança se caso necessitássemos de algo o outro estaria ali atento, presente, participante. Ajustar-se perfeitamente sabíamos ser coisa para poucos. Privilégio dado pela vida a nós dois.

Lamento que no dia a dia da vida as coisas nem sempre ocorram nessa mesma coincidência, os amores não acabem ao mesmo tempo; os sentimentos e emoções não sejam vivenciadas sempre em ajuste; que as perdas e mortes não ocorram em sintonia e por isso, o Homem sofra e chore.

O Filho

Os filhos podem nascer do ventre ou do coração. Aliás, nascem do ventre, mas a verdadeira filiação nasce do coração. As mães e os filhos têm que aprender a amar um ao outro. (um exercício para vida toda, cotidiano).

Gostamos um do outro: seu filho e eu. Não há necessidade de explicação, apenas sinto que é assim. Temos uma sintonia peculiar.

O conheci ainda pequeno, olhos claros arregalados, na idade que se quer saber o porquê de tudo. Aquele encontro teve um significado único que jamais soube decifrar exatamente. Porém, apenas me escuto por dentro e ouço uma voz que diz que esse é aquele filho de coração. Gostei desde então dele como a mãe a seu filho. (que me perdoe e permita a mãe verdadeira).

Esbarramos algumas vezes pela vida e tenho certeza que mesmo à distância nos queremos bem.

Sensação Presente

Por vezes sinto sua aflição em me dizer ou a me solicitar algo.
(como se por meu intermédio conseguisse se comunicar com o mundo dos vivos).

Fique tranqüilo, pois sempre que precisares de mim estarei com você!

O arrepio sobe a coluna numa solicitação de que te escute, de que de alguma forma tente compreender e interpretar suas solicitações.

Hoje, com o passar do tempo, fica a certeza que está se recompondo, tem muito trabalho a cumprir. Cuida de mim mesmo à distância enquanto não chega minha hora.

PS encontro

Continuar a existir depois que se vai depende exclusivamente de cada um. Está no coração, o encontro é de alma e pode ocorrer em vigília ou durante o sonho. Mas é real!

É só fechar os olhos e navegar nos pensamentos, nas palavras, nos gestos, nas trocas compartilhadas que o outro imprimiu no nosso coração.

A mãe, o pai, o irmão, o amigo ou um amor... Todos, um pedaço de um outro eu. O amor sentido permanece e como se é formado por essas marcas, por esses registros que ficam cunhados em quem sou, mesmo que eu parta, um pedaço permanece dentro de quem fizer com que eu continue existindo, talvez, por isso, sejamos todos um!

Aos meus avós a continência e em especial a minha avó paterna, a simplicidade de saber viver; a amiga, as confidências e brincadeiras da adolescência; ao meu pai a estrutura, a referência; ao professor, a sabedoria; do terapeuta a formação e a determinação, o modelo de aprender a reverenciar as coisas que a vida tenta mostrar; dos animais de estimação, a dedicação e carinho; àqueles que perdi mas permanecem vivos, a esperança de reencontro; ao meu amor, o verdadeiro significado do sentimento sentido.

O juramento de Hipócrates

Tantos deuses a te observar, foram testemunhos de que prometeu. Jurou nunca causar danos a alguém, não dando a ninguém remédio mortal, nenhum conselho que induzisse a perda, conservar imaculada a sua vida e sua arte. Juramento hipócrita?

Incoerências que tramitam na ambigüidade humana. Como alguém que evoca Hipócrates como testemunha, que abraça a missão de salvar vidas, não salva a sua própria?

"Eu juro, por Apolo, médico, por Esculápio, Higeia e Panacea, e tomo por testemunhas todos os deuses e todas as deusas, cumprir, segundo meu poder e minha razão, a promessa que se segue: estimar, tanto quanto a meus pais, aquele que me ensinou esta arte; fazer vida comum e, se necessário for, com ele partilhar meus bens; ter seus filhos por meus próprios irmãos; ensinar-lhes esta arte, se eles tiverem necessidade de aprendê-la, sem remuneração e nem compromisso escrito; fazer participar dos preceitos, das lições e de todo o resto do ensino, meus filhos, os de meu mestre e os discípulos inscritos segundo os regulamentos da profissão, porém, só a estes.

Aplicarei os regimes para o bem do doente segundo o meu poder e entendimento, nunca para causar dano ou mal a alguém. A ninguém darei por comprazer, nem remédio mortal nem um conselho que induza a perda. Do mesmo modo não darei a nenhuma mulher uma substância abortiva.

Conservarei imaculada minha vida e minha arte.

Não praticarei a talha, mesmo sobre um calculoso confirmado; deixarei essa operação aos práticos que disso cuidam.

Em toda a casa, aí entrarei para o bem dos doentes, mantendo-me longe de todo o dano voluntário e de toda a sedução, sobretudo longe dos prazeres do amor, com as mulheres ou com os homens livres ou escravizados.

Àquilo que no exercício ou fora do exercício da profissão e no convívio da sociedade, eu tiver visto ou ouvido, que não seja preciso divulgar, eu conservarei inteiramente secreto.

Se eu cumprir este juramento com fidelidade, que me seja dado gozar felizmente da vida e da minha profissão, honrado para sempre entre os homens; se eu dele me afastar ou infringir, o contrário aconteça."

Obs. As incoerências humanas quando personificadas "irritam"! Esse momento de revelação nos causa estranheza como se em sua concretude manifestassem e escancarassem aqueles questionamentos mais profundos que gostaríamos que se mantivessem camuflados ou pelo menos adormecidos no mais fundo de nosso inconsciente. (Como se fosse possível enganar-nos a nós mesmos!).

Valeu a pena!

O cheiro da simplicidade do dia está no ar. No fogão, a água aquece e o café espalha no ar o cheiro do novo dia a ser vivido. Este deve ser reverenciado. O cachorro e o gato se achegam solicitando sua porção de ração matinal, penso no que sou hoje...

A oportunidade que a vida me deu por meio de nosso encontro, a própria vida e a você tenho que agradecer! Obrigada! Obrigada, por me ensinar que se pode amar e que isso é que vale a vida!

Poder ouvir o coração bater mais forte quando pensamos em alguém é que faz com que a vida valha á pena! Faz com que nos sintamos vivos.

Saber que uma pessoa passou a fazer parte de você, do seu mundo é que traz significado para vida. É o que nos dá vida. O passado faz parte do que a gente é. Você é uma parte boa que faz parte do que sou. Caminho para o futuro com as marcas de quem fui ontem. A possibilidade me move, impulsiona para vida. A história que vivemos permanece viva formando quem sou e enquanto sou. Fomos formados por essa história de encontros e desencontros. E só desta forma é que aprendi a me amar.

Amanhã quando o dia se acordar sem mim, quero que continue ensolarado! O cheiro da simplicidade do dia estará no ar. No fogão, a água aquecerá e o café espalhará no ar o cheiro do novo dia a ser vivido. Este deverá ser reverenciado. O cachorro e o gato se chegarão solicitando sua porção da ração matinal. Pense o que sou hoje e quem você é, o que tem para ser vivido: VIVA!

A morte é minha amiga

O direito de morrer dignamente se estamos vivendo de maneira indigna é dever de cada um consigo próprio. Buscar a cerimônia que combaterá o mal, evocar aquilo que traga a dignidade do remédio que cura a dor da doença do corpo ou do espírito, aquilo que aliviará o processo doloroso, levantar recursos, soluções, solicitar ajuda, auxílio do outro ou não, cabe a individualidade de cada um. Ainda que possa parecer um remendo torto, cabe a cada um! A liberdade de decidir morrer ou viver. Retirar da vida ou retirar a própria vida. (tem tanta gente que já está morta mesmo viva!).

Minha filha me disse uma frase que ressoa ainda hoje, no coração e na cabeça: - Ele optou por essa forma. Foi escolha dele!(... Respeite).

Ainda que não concorde que questione, que acredite ser injusto, compreenda, respeite a escolha do outro mesmo que pareça por falta de escolha segundo seu julgamento. Quem vê dessa forma é você não o outro.

Mesmo na hora da passagem estamos em constante mudança, transformação. Talvez essa seja a oportunidade da maior transformação. Como se a morte fizesse a vida importante! Passar pela porteira da morte dignamente também faz com que nos sintamos vivos.

O processo da morte não significa o fim, assim como o nascimento pode não ser o começo. Ambos, podemos encará-los como começo e fim. Fazem parte da condição humana.

Reconhecer o lugar da morte na vida, a natureza da morte, compreender que é um conceito relativo e complexo, pois muda conforme o olhar de quem perde e o significado da perda. Embora ela seja real, esse enfrentamento com o processo de morte, transforma-a em aliada e não em inimiga. Aprender a conviver com ela faz parte do drama humano. Faz parte da vida lidar ou não com a morte. A escolha de aprender com as perdas obtendo ganhos, também, é de cada um.

Entender que ela leva o objeto do nosso amor, mas o sentimento amor permanece. Isso nem mesmo a morte pode retirar da gente. Assim, nesse conforto, ela passa a ser aliada.

A morte sempre existiu e existirá em nossas vidas. É o evento final, sei que chegará, só não sei quando nem como, quais as circunstancias me conduzirão a ela. Só sei que a morte será o adeus certeiro! A morte não é contagiosa como uma epidemia, mas todos, sem exceção, um dia a contrairemos.

Da perda ao ganho

As perdas devastam muitas coisas: levam o pai, os avós, a mãe, a segurança, os amigos, o corpo, os" pets", as mudanças de casa, de escolas, o casamento, empregos, mas não levam a alma. Não devemos permitir que leve a alma. Quem destrói ou constrói com as mortes sou eu. Somam-se no decorrer do tempo, é verdade, mas trazem ganhos que devem ser buscados. Cada um de nós a sua maneira, tem que encontrar recursos de enfrentamento para lidar com elas, e assim delas, retirar algum ganho. Continuar aberto para a vida envolve aprender a retirar ganhos. Processo doloroso, mas deve ser vivenciado. Tirar brilho da saudade é um ato corajoso de esforço constante.

Pensei em todas as perdas no decorrer da minha vida e numa projeção do luto, repensei nos ganhos que me trouxeram.

A primeira que me dei conta, significativa que tive foi da minha avó paterna. Acho que por volta dos meus 5/6 anos.

A negra sombra já se mostrou assustadora, lembro que quando me contaram e tive que passar na frente da porta do quarto onde ela ficava corri com medo de talvez ser pega pela mesma escuridão que a havia roubado de mim. Passei a acreditar que do céu cuidava de mim (e acredito até hoje assim) e que sempre que me encontrasse em dificuldades ou perigo me auxiliaria tomando conta de mim como a Mãe Maior. Foi a primeira vez que senti o arrepio da morte na coluna.

Depois o coelho, Bidu; os cachorros, Baco, Moreno, Afrodite, Lua, Talia, Zeus; meu pintinho de estimação e tantos outros pets que preencheram minha vida com um querer bem, com um amor que só os animais podem nos oferecer. Doces amigos do mundo animal.

A amiga que você cuidou. Na inexperiência da juventude, grande ironia perdi a amiga, mas encontrei você! Como se a vida quisesse já naquela época me dizer que sempre existe uma perda e um ganho.

Meu pai, aquele que me ensinou a dar os primeiros passos na vida e de vida.   Sempre me encorajou a tentar e, principalmente, tentar ser feliz! Que esta tem que ser conquistada dia a dia, passo a passo como a primeira caminhada sozinha. E que esse percurso também é o mais solitário. Aquele que me apresentou a sabedoria de conviver com todos os tipos de vidas, da simplicidade ao mais alto escalão seja social ou moral, mas todos têm a ensinar, são todos indivíduos que com sua peculiar singularidade estão sempre nos mostrando algo. De onde estiver, cuida da mulher que sou, ainda hoje, como a sua menina que fui.

Meus avós, queridos, cada qual deixou além da herança genética, a herança de "segredinhos" familiares, mesmo que sejam considerados sem significado para os outros, para os netos têm um particular sentido. Todos formam pedaços de quem sou.

O professor amigo, aquele que apostou na minha escolha profissional. Deu-me a segurança de iniciar. Com todo seu jeito desvairado me demonstrou a linha mestra e implicações da escolha.

O mestre e terapeuta, amigo das horas mais difíceis, pois sob sua vigília me deparei comigo mesma. É o encontro mais difícil que a vida me propiciou e muitas vezes nesse nosso percurso achei que iria sucumbir e morrer. Mas com destreza, sabedoria, por vezes autoritário, mas sempre com meiguice e carinho, mostrou-me a rota e que a vida é um convite constante para lidar com perdas e conseqüentes mortes.

Esperei o que não veio, quis o abraço, não obtive; desejei o aconchego, fiquei só; pensei no reencontro, não encontrei. Muitas vezes minha expectativa não foi preenchida e isso me trouxe a sensação de jazer. Aprendi que nem sempre minhas escolhas coincidem ou vão de encontro com as do outro. Minha felicidade está dentro de mim, não dentro do outro. Não depende de ninguém somente de mim passar pela vida ou passar com a vida. Mas, o que sinto, como sinto, só depende do meu sentir. Em minha memória fica o afeto e o amor sentido e vivido (mesmo que a minha ou a nossa maneira). A esperança presente relata o que foi bom, o que de melhor de todas essas perdas ficaram dentro de mim moldando quem sou eu.

Sou eu quem compõe minha melodia e escrevo meu texto. Todas as pequenas ou grandes mortes podem ser um pedaço de mim que morre físico ou emocional, mas ao meu projeto de vida deve estar atrelado a busca de crescimento, felicidade e amor. É assim que sempre ganho!

Desapego

O desapego total é a morte. O mais difícil deve ser desprender-se de um corpo, matéria tão conhecida, colada, grudada que o vestimos tão completamente que passamos a acreditar que somos o próprio corpo.

Deixar as pessoas que amamos: filhos, netos, (mesmo aqueles que não vieram ainda), amigos, o homem, a mulher, todas aquelas pessoas que nos fizeram, pedaços que nos formam. Projeções, imagens, ilusões que conferimos a eles o valor de serem nós mesmos.

O desamparo ao qual o ser humano se encontra, pode ser devido à falta de desapego relativo às questões materiais (tão valorizadas em nossos dias) e a conexão cortada com a espiritualidade. O Homem se mostra com medo da morte.

Passa a acreditar que se esquivando dela, ignorando-a ela deixa de existir. Mais um pensamento mágico infantil!

"... ai dos homens que matam a morte por medo da vida." (Vinicius de Moraes – A Morte – O Encontro Cotidiano).

Agonia

Presenciei esse estado da alma quando da luta de meu avô contra uma infecção hospitalar, decorrente de um longo período de internação. A guerra travada era evidente, sinais e fenômenos mórbidos se manifestaram durante um tempo, os profissionais insistiam em dizer que era a "reta final", mas aquelas amarguras persistiam, segundos, minutos intermináveis, horas, dias... (aqui também o tempo manifesta-se com sua relatividade escancarada!).

O sentimento de angustia, de dor, aflição, de ansiedade se fazia presente em cada gemido, por vezes escondidos por traz da sobriedade característica, do meu avô materno.

Quem estava aparentemente do lado de fora, embora vivo, também agonizava. Aguardando o que era evidente e infalível.

Só cessou quando ele pareceu compreender que seria inútil continuar brigando contra o inevitável e vislumbrou um campo bonito cheio de flores por onde, agora teria que caminhar. E a paz baixou, pousando como nuvem lenta, brisa sutil, trazendo o último suspiro e se deram as últimas batidas daquele coração cansado... Tummm... tumm... tum... tu...t... ... A agonia foi embora, para quem continuou vivo e para ele que deu óbito!

Sobre a Vida

Tomar sol, aquecer a pele, os nervos, não brigar com que a vida lhe oferece é assim que a vida nos convoca para ser vivida! Conseguir ver encantamento no novo dia que se tem para viver, no novo amanhecer...

Estar em curso, curso da vida é como entrar na água fria da cachoeira, que com sua força lava a alma, o triste, o que passou até mesmo as perdas.

O exercício, a capacidade de tentar compreender a dialética da morte e vida propiciou-me que diante do inexorável só há uma saída: _vivenciá-lo. Vivenciar o luto da melhor forma que posso é escrever esses pensamentos sentidos. Mesmo que alguns julguem "sem tido".

Exorcizar as perdas implica em saborear o dia a dia, a vida como a taça do melhor vinho, há de cheirar seu aroma antes de degustá-lo. Celebrar a vida é um segredo precioso! Avaliar a vida com o impacto da morte de alguém querido, significativo, nos traz referência. Estar vivo é reverenciar, a exaltação da vida todos os dias é lidar constantemente com perdas e conseqüentes mortes da melhor maneira que pode oferecer naquele momento. (Há momentos que agimos dessa ou daquela forma porque é como podemos agir naquele exato momento, naquela circunstância. Essa é a realidade daquele segundo e sempre, o que se deve ter em mente é que se fez o melhor que se pode.).

A vida é sempre agora, vivida de dentro pra fora, pensada, repensada, usufruída, compreendida. Nesse movimento e processo constantes, só assim poderemos tentar vive-la plenamente. O caminho da vida é uma viagem em andamento, por vezes temos que parar para descansar, mas temos que prosseguir até o nosso destino. Podemos observar e usufruir da paisagem ou adormecer e não ver o percurso percorrido.

Acolher o que não se pode modificar, o que não depende de nós é o maior aprendizado. Isso faz da vida esse encantamento! A vida significa ascensão e queda! Só permanece com vida aqueles que estiverem dispostos a encarar as mortes que a vida traz!

Faço minha as palavras de Carl Gustav Jung: "A resposta à vida humana não fica dentro das fronteiras da vida".

Encaixar a vida no lugar, depois de uma perda significativa, requer paciência. Como um quebra - cabeça, cada peça tem que ser pensada, repensada, digerida no coração e na intimidada mais profunda da alma. Só assim a alma poderá fosforescer. Como se olhando a pedra bruta fosse capaz de encontrar a malacacheta brilhante, ainda que tímida surpreenda com seu lusco fusco na noite preta. É como o gato ou o cachorro buscando seu lugar de conforto para só então se deitar. A árvore da vida tem que ser regada. Com isso a árvore resplandece, cresce com galhos fortes e frutos saborosos. E quando a poda tiver que chegar que reviva nas sementes lançadas. A vida deve brilhar como uma estrela azul!

Dentro de você e de mim existe algo muito maior, muito mais profundo, em nosso íntimo sabemos a resposta. Lidar com as nossas perdas cabe a cada um de nós. Use e abuse da intuição. No espaço vazio da mente, lá está ela lhe aguardando com as soluções!

Seres alados

Quando os anjos se reunirem ao nascer ou ao por do sol estarei à espera da minha hora de forma branda e macia.

A sensação de proteção que hoje me trazem deverá permanecer... Quero sentir o toque da brisa leve a suavizar meus pensamentos e levando minhas angústias embora, varrendo todas as minhas agonias. Os anjos os traduzo assim:- Seres alados que podem nos ensinar a voar.

E quando o anjo da morte com seu sobretudo negro chegar e me olhar dentro dos olhos eu possa levar comigo boas lembranças do que vivi. E assim alçar meu grande vôo!

Incoerências da Vida

O silêncio que tudo apaga chega quando a noite surge. Por trás das nuvens aveludadas a alma avermelhada, pois, se mistura com o vermelho do entardecer, silencia paralisada diante de tanta grandeza. (Doce e amarga identificação). O sol desce penetrando a terra e esconde mais um dia. Ato de amor. A noite chega trazendo a escuridão e solta a imaginação. Assim, como o pôr -do -sol manifesta-se a dualidade que é a Vida: na incoerência do silêncio da noite é onde ocorrem os maiores estrondos.

O lado oposto é o lado de lá (parece óbvio!), aquele que transcende a porta da passagem. Misterioso, mágico e assustador. Aquele que não está na representação humana, por isso... Estranheza. O arrepio gélido sobe a coluna vertebral e chega como um golpe de sangue quente que apunhala, paralisa o cérebro e tira o fôlego.

É rompido o fio que prende não o umbilical (aquele que traz a vida), mas aquele que prende segurando à vida. E com isso dilui a história. Eclosão dicotômica (por isso incoerente) de sensações, sentimentos, emoções: - respeito e temor; dor e cessação da mesma, tristeza do que fica e alegria de reencontros (independente de doutrinas ou crenças); incessantemente cessa... Inevitável inércia! E me confundo com a noite que surge apagando a luz. A mágica e encantamento se misturam com pavor daquilo que desconheço. Aventura-se? Cabe somente á mim!

O laço rompido, o corte abrupto pode ser vivenciado com ternura, com dor, sim, mas, com entendimento que a subida pela rampa que leva ao portal é o momento da despedida definitiva; olhar para traz e encontrar no pôr- do- sol iluminado alguém especial é acolhedor, principalmente se saber que escolhemos alguém e que esse alguém nos escolheu e o quanto essa escolha é um privilégio!

Ainda que na hora do maior adeus, possa por traz das nuvens aveludadas, misturar-me com a vermelhidão do fim de tarde e silenciar mansamente... Ato de amor para com a própria vida!

Mortes no decorrer da vida

Toda perda é uma morte. Mesmo a iminente mata um pouco ou aos poucos. A morte é!

Morrer antecipadamente é deixar seus sonhos de lado. O desencanto mata de forma silenciosa e lenta, destruindo a alma. A morte dos sentimentos, da alegria de viver é o suicídio tácito e devastador a que nos submetemos.

O tempo passa, isso, não significa destruição ou mutilação, cada tempo tem seu encanto, seu sabor. O tempo traz sabedoria se diante das mortes não desistirmos da vida. Morrer um pouco a cada dia é fato, mas viver cada dia é opção!

Não se fica de luto por quem morre e sim pelas coisas nossas que se foram com aquela morte. Quando alguém morre mata em torno. Quando o outro que faz parte de mim se for, morrer, eu morrerei um pouco!

A disposição de mudar, repensar, renovar o guarda-roupa do interno depende de se encarar e escancarar essas perdas como tijolos que constroem e não pedras que apedrejam.

Após o desespero da perda, depois do período que nos silencia, na fresta da janela entreaberta, surge um raio de sol que timidamente tenta mostrar que lá fora existe um sol brilhando à sua espera.

Do mesmo ato que derruba, sucumbe, dele próprio emerge uma força aparentemente inabalável. Aquela traição que a vida nos apresentou, traz a nova possibilidade. Vivenciar esse ciclo vida-morte em sua plenitude nos confere significado, enquanto ser atuante, participante do mistério do universo.

Se permitir viver, se permitir sofrer e permitir que o outro sofra diante das mortes do decorrer da vida, no espaço que lhe confere e na medida em que necessita, é o grande segredo. Dor é dor e tem que ser sentida. Tudo deve ter significado, ainda que eu desconheça seu sentido.

A mente fica clareada e é na clareza dela que as peças vão se encaixando, contorno por contorno se encontrando num lindo mosaico. Aparar as arestas que a vida traz cabe a cada escultor. Com a lixa fina retirar as rebarbas para transformar a pedra bruta em obra. Essa é a alquimia incoerente da vida.

Descanso, nunca, o movimento é constante como noite e dia, sol e lua, vida e morte, cíclico, contínuo, mas, movimento, processo. Pode ser progresso ou retrocesso.

Talvez o milagre da existência seja ou esteja no movimento de reconhecermos que tudo tem um início e um fim, e que depois do ciclo fechado surge a possibilidade do re-começo.

A morte sem morrer ● *Há morte sem morrer*
à amiga Cíntia Maria

Decepcionar-se ou decepcionar alguém pode ser vivenciado como morte. Pois essa pessoa pode partir sem nos dar sinal ou aviso.

Não corresponder às expectativas que o outro coloca na gente, sobre nós pode traduzir-se em perda. Foi assim com uma amiga que se perdeu no espaço e tempo, nem tanto tempo assim, mas que deixou saudade de quem falece dentro da gente. E acredito que deve ter sido desta maneira para ela, embora quem optasse por partir tenha sido ela.

Acredito que magoei alguém, ainda que essa não fosse minha intenção. (E aprendi a duras penas que não é a intenção que vale. O gesto nem sempre traduz a intenção! Se o outro esperar que você seja diferente ou aja como ele acredita que deva ser, não adianta ter a melhor intenção. Crença tola!).

Falho, pois na minha condição humana trago limites, ignorâncias, incoerências, faltas...

Uma amiga que não quis mais falar comigo, acredito deve ter se decepcionado muito comigo, pois não me deu nem ao menos a oportunidade de saber qual foi o meu delito. Por considerá-la Amiga: aquela que ama, gosta, compartilha, pensei que pudesse pontuar minhas falhas por companheirismo, afeição. E, até ingenuamente, acreditei que me defendesse (ainda que de mim mesma). Pura amizade! Há mortes sem morrer!

E, se matei algo dentro de você peço desculpas, pois pra mim mesmo à distância você permanece viva.

Perda da vovó
Vovó Laurinda *in memorian*

Levou a inocência de acreditar na "infinitude". (não imaginava o que significava a morte naquela época).

O ovo frito feito carinhosamente por ela (nunca mais comi um ovo com tanto sabor de amor), as broncas no meu avô quando ralhava comigo(ninguém mais tomou a minha defesa como ela), fatos da nossa convivência rotineira que marcaram gostosamente nossa história. Imagino nas minhas lembranças infantis que tinha cerca de 5/6 anos quando do falecimento de minha avó paterna. Permanece como a preferida (que as outras não me escutem mesmo aí, do outro lado da vida).

O arrepio da morte, senti pela primeira vez nessa ocasião. Vovó estava acamada há algum tempo, vítima de câncer do pulmão. Lembro-me das visitas a seu quarto, de um bolo de coco muito branco, com velinhas acessas e um parabéns meio apagado, pois ela continuava de cama. A morte iminente já se fazia presente e de certa forma configurava a provável ameaça, perda de algo que não sabia explicar.

Mas continuou viva dentro das minhas melhores lembranças, sempre que me acho em perigo, com problemas, é evocada. Atende meu chamado como se aparecesse mesmo sem vê-la sempre a sinto prestativa e presente em minha vida, trazendo conforto, resolução, luz. Minha vovó querida!

Morte da amiga
Liliana Tomazi *in memorian*

Levou a juventude, a onipotência da meninice de achar que com a gente nunca vai acontecer... Aconteceu comigo!

Ao final de mais um semestre da faculdade, próximo ao natal, Liliana, minha melhor amiga (desde o colegial), sofreu um atropelamento. Teve traumatismo craniano, após alguns dias de agonia, deu óbito. Mesmo sua beleza (e que beleza!) ou juventude não a privou da morte prematura. (É a morte não escolhe por faixa etária. Seu tempo havia acabado.).

Foi eu quem a socorri ainda em frente à faculdade, na ambulância segurando sua mão, peguei na possibilidade da morte pela primeira vez.

Despediu-se de mim com um beijo e uma palavra forte:- Adeus! Quando questionada porque do adeus, simplesmente sorriu, virou de costas e saiu para a fatalidade.

Amiga que você em sua atividade médica socorreu naquela noite em seu plantão. Tentativa vã de trazê-la de volta pra mim e para aqueles que a estimavam. Impotência que compartilhamos.

Foi com ela que tive um dos primeiros sonhos relacionados a perdas que me recordo. Nele minha amiga estava de mãos para trás, eram de ferro e por isso impossibilitavam nosso contato, impediam que nos abraçássemos. Símbolo que mais tarde compreendi.

Ainda hoje revivo nossa última conversa ocorrida ás vésperas do acidente como se estivesse aqui ao meu lado. Trouxe-me confiança de que eu era e que ainda hoje, quando por motivos das contingências da vida, esmoreço, me mostra que interiormente eu sou e sou forte.(Somente uma Amiga é que me enxergaria dessa maneira!). Você, Liliana, foi (ou é) essa Amiga!

O terapeuta e mestre
Pethö Sandor in memorian

É na lembrança diária de seus conhecimentos tão bem transmitidos (sem o menor sinal de egoísmo ou vaidade humana) que se faz presente sempre!

Seus discípulos foram extremamente preparados (afinal, não era à toa que era o Mestre) para sua partida. Anunciada nas entrelinhas de nossas aulas, a cada encontro uma palavra que alertava para proximidade de sua morte. (Quem quisesse entender que entendesse). Afinal, as palavras têm alma. Obrigada, por nos preparar! Como sempre o fez tão magnificamente, transmitindo tudo que da vida aprendeu, com desapego invejável. Mais uma vez, pela última vez, transmitiu o mais difícil, o alerta que partiria em breve. E com essas sinalizações, mais uma vez me preparou para a perda que a vida iria me trazer:- sua morte.

Sua partida ocorreu de maneira suave como um pássaro que sai voando, num sono não acordado. E como também trouxe sabedoria...

Quando de minha alta da terapia, pouco antes de sua partida, me disse de forma incisiva e doce que estava na hora de eu alçar vôo. Já tinha condições de tocar a vida sem sua supervisão. E com esse movimento que exprimiu seu sentimento, suas idéias e ideais de crença na capacidade humana de SER e ser livre, que tanto me auxiliaram e auxiliam no dia a dia, na conquista de tomar a vida em minhas mãos; mais uma vez me preparou para atuar na vida.

Nessa despedida, realmente, alçamos vôo. Sua morte, acredito, tenha sido seu maior vôo. Você seguiu com seu destino e eu com o meu.

Professor e amigo
Francisco Roger Patti _in memorian_

Foi quem acreditou em mim! Uma das primeiras pessoas que me fez crer que estava no caminho certo, que seria uma boa profissional. Ainda na época de faculdade, foi aquele professor que me incentivou a prosseguir o caminho de formação e ensinou o quanto é fundamental ampliar seus conhecimentos além da matéria escolhida. A amplitude de sua alma era evidente e encantava em todas as aulas, mesmo, eu que particularmente, não fui aluna exemplar de sua matéria.

Logo que me formei me convidou para trabalhar em seu consultório e para ser sua assistente. (imagine que honra, no início de carreira um convite desses!).

Enquanto estudava e me inteirava das minhas futuras tarefas, de um infarto fulminante em plena atividade foi levado da minha convivência. Pega de surpresa, a sombra do cavaleiro ancião que com sua foice cortaria implacavelmente meu apoio.

Mais uma morte que permanece viva. De quem deixou registrada sua passagem pela minha vida.

Mesmo depois de sua partida se fez presente na formação de minhas filhas por meio de sua viúva, como uma mensagem vinda do lado de lá.

Deixou registrado na minha formação, muito mais que a estatística que ministrava, a possibilidade, a força de acreditar que seria capaz, e isso não é qualquer professor quem deixa. Tem de estar presente, continuar vivo, ser especial, único, amigo!

O amigo do outro lado do mundo
Seung Cho Shu in memorian

À s vésperas de concluir esse livro mais uma perda... Aquele amigo de alma, que a gente escolhe como irmão, vítima de um câncer devastador, deu óbito.

Nossas diferenças de raça, cultura nunca nos separaram, mesmo que por vezes tivesse que repetir algumas coisas pra que pudesse entender.

Aprendi formas de ser diferentes da minha, na casa, na comida, nos gestos, valores. Tive o privilégio de partilhar com suas origens. Conviver com as diferenças nos ensina muito sobre compreensão. (Que ganho!).

Ressaltou-me que o irmão de coração não precisa ser de sangue. Saudade de cantarmos e acamparmos juntos, saudade de suas marotagens, boas lembranças guardadas na alma!

Deixou minhas sobrinhas de olhos puxados. Um dos meus ganhos!

Pai

Pai meu, que estás no céu
E foste o meu na terra
sei que oras por mim
por tua mulher
e netas
Guarda-nos a cada instante
Sinto-te cuidando de mim
Como quando eu era um bebê
Vela meu sono
Meu descanso
E isso me conforta
De relance o vejo
Num momento te sinto
Sei que estás sempre comigo
Saudade da tua filha
Que sabe que no íntimo
Que em algum lugar
Algum dia
Iremos nos encontrar
Pai meu, que estás no céu
Sempre, amo você!

Morte do Pai

Levou a segurança, deixou a falta sentida até hoje. E muita lição de vida!

Sua presença continua perpetuada, cargo e função vitalícia. Vigia-me o sono, me guarda... Sentado na cadeira do meu quarto como de costume e cuidava do meu sono (provavelmente projetando o melhor pra mim), encontro-te, por vezes, a zelar por mim e de suas netas sentado na mesma cadeira.

Perder o pai significa perder uma das referências, foi quem nos deu vida, homem que nos trouxe forma. Primeiro homem que aprendemos a amar.

Meu pai era diferente, era meu pai. Pelos amigos chamado de guru (talvez pelo mistério e sabedoria legada a esses místicos). E como tal, guia e líder espiritual, mestre da vida interior, foi meu "guru" na vida.

Passamos por perdas e ganhos. E isso nos trouxe certa cumplicidade diante da vida e da morte. Como se soubéssemos aquilo que deveríamos fazer diante de determinada situação. Bastava um único olhar. E frente às situações mais cruéis que a vida apresentava, era onde sabíamos agir com assertividade. Tivemos momentos só nossos, duros, mas superados. Acreditou e acatou meus sentimentos (mesmo que por vezes não concordasse), respeitou minhas decisões. Lição maior de pai!

Sofrer uma amputação, além da perda física do membro, vão-se sonhos, ilusões, esperanças, dignidade, orgulho... Meu pai, em conseqüência de diabetes (a qual ele não dava a devida importância.) teve que amputar uma das anti-perna. Estávamos ele e eu no hospital quando recebemos a notícia. Decisão cruel! (mais uma daquelas dicotomias que a vida apresenta.).

– Prefiro um pai sem perna a ter que enterrá-lo pela manhã! Mas quem vai viver sem a perna é você e isso só você pode decidir se deseja ou não, se consegue ou não. Assim decidimos pelo corte do membro doente.

Esse tipo de procedimento médico, necessário para manutenção da vida, faz com que remexamos a própria vida vasculhando sentimentos esquecidos na rotina. O carinho, as conquistas, as derrotas, a continência, a cumplicidade, o amor de um pai e de uma filha, naquele momento penoso pode ser vivenciado em sua plenitude. Trocamos confidencias e intimidade. E decidimos juntos. Uma das mortes que passamos juntos pela vida compartilhada.

Cerca de dois meses que antecederam sua passagem para o outro lado, um sonho que me chamou atenção me sinalizou a hora e dia da sua partida. Mais uma vez meu inconsciente me antecipava o que estava por vir como um alerta do amigo que atua no interior do princípio da vida. Como um grande telegrama projetado na tela do meu sonho tinha os seguintes dizeres: Chego vôo 147, em 23/08. Assinado J C. Escrevi num papel que esqueci temporariamente em alguma gaveta. Lembrei-me desse sonho dois dias antes que meu pai faleceu e comentei com minha mãe: Papai irá morrer em 23/08. Estava com ele na hora: 13h47min. Apesar da imensa tristeza partilhar desse momento com você foi sublime! Mais uma vez fizemos parte um do momento impar do outro, na minha chegada a vida, você estava lá e em sua partida eu estava.

Poder falar sobre a perda do pai é falar sobre uma das maiores perdas, figura parental que traz a gente à vida, norteia, dirige, seleciona, ensina, modela, orienta, nos ama...

Grande perda, mas propiciou muitos e muitos ganhos!

Recente perda da gata amiga

Hemp
No frio, encolhia-se no meu colo como um montinho de pêlo.
Pêlo macio que me toca até hoje, mesmo à distância.
Me traz aconchego
Chegou de mansinho
Trazendo vidas no seu ventre magro
Confesso, resisti em assumir a responsabilidade
Mas, com seu jeito felino, macio e peludo
foi ronronando,

me domesticando,
se esfregando,
afofando,
Num dançar de querer bem,
de se achegar
E, foi ficando
me conquistando,
me dobrando,
me mostrando que não se pode negar o que a vida te traz de presente:
Você me escolheu! (e tenho que agradecer por esse privilégio).
Então, assumi que amava você!
Arisca, mas dócil
Má humorada, ranzinza, mas gentil
Garrinhas de gavião
Olhar de lince
Faro de leão
Adorava se estatelar ao sol,
E com isso aquecia também meu coração.
Rolar, me provocava risadas puras como da infância.
Graciosa, traduzia a lembrança da perfeição da natureza.
Foi quem me esperou durante esses anos de convivência atrás da porta
sempre que chegava da rua.
E, esse acolher, esse companheirismo que só os pets trazem,
Me fazem perceber que há felicidade em viver! (viver acompanhada
por eles).

Compreensão e Entendimento

O respeito dos meus outros animais de estimação, a compreensão que demonstraram com relação à proximidade da morte me comoveu e enterneceu. A natureza animal consegue ser mais sábia que a natureza humana nessas horas. A cachorra que tanto implicava permaneceu a seu lado em profundo silencio e respeito aguardando o momento de, numa lambida, manifestar seu carinho.

Passamos uma semana em profunda comunhão, nós duas e a morte que ameaçava.

Tive que optar pela eutanásia. Sua fragilidade aumentava instante a instante. Não podia permitir que continuasse com aquele sofrimento por puro egoísmo de não poder deixá-la ir. Deveria abreviar seu sofrimento já que não tinha cura. Você merecia uma morte serena. Mas também precisei pedir-lhe licença. Sem seu consentimento seria impossível!

Despedimo-nos na sala fria da clínica veterinária, um último olhar, um último ronronar, num último suspiro... E assim você partiu deixando tristeza e saudade. E a morte que espreitava a levou, mas deixou a felicidade de ter podido compartilhar esses anos de carinho e cumplicidade.

Essas observações, esses sentimentos e sensações só foram possíveis de ser notados por estar envolvida no luto.

Saudade

A lembrança nostálgica e solitária, mas ao mesmo tempo amena e suave. Essa é a saudade. Pessoas e fases, coisas extintas, distantes, porém que nos acometem de um enorme desejo de tornar a vê-las ou reviver.

Esse pesar que invade, manifestando a ausência de quem se é querido ou do que um dia nos trouxe bem estar e felicidade.

Sentimento silencioso que mora e dói no interior do peito.

A *morte iminente*

Nas extremas situações de vida e morte, com a ameaça da perda pairando sobre nossas cabeças é que, por vezes, compreendemos o significado dessa dualidade. A morte iminente faz com que pensemos sobre a vida.

Prática que em minha rotina com pacientes acometidos por essa possibilidade vivencio dia a dia. É intrigante como o ser humano ao se deparar com as asas negras da provável morte perde a prepotência de achar que é o centro do universo, que é quem comanda e rege.

Nega, questiona, barganha, desconjura, chora, deprime e quando percebe que nada disso modifica o inevitável, se entrega.

A *dança com o enlutamento*

O processo de luto, quando vivenciado por inteiro, nos remete a dança mais sublime e dolorosa. O enlutamento é uma marcha solitária, há de viver e morrer, tem período próprio, varia para cada um. Travamos uma relação única com a questão da morte. Cada um dança a própria dança. Vida e morte também estão presentes nessa sucessão de estados e mudanças. O próprio luto tem vida própria. Tem que viver e morrer. Num tempo (que é de cada um) o luto também há de morrer. Como na canção de Paul McCartney: *Live and Let Die.*

Nesses meses durante esse trajeto tive que acertar o passo inúmeras vezes até entrar no ritmo exato dessa dança mal assombrada. Por vezes, a música me parecia descompassada, ensurdecedora, com uma concretude vã. No outro instante, uma melodia doce, sublime e compassada que trazia, ainda que sublinearmente, certo romantismo. Essa magia fez com que exorcizasse as bruxas transformando a sombra em luz brilhante e azul, pudesse olhar para as estrelas novas do céu. E assim passasse a navegar sem receio de afundamento.

Não tive outra escolha a não ser aprender os passos e eu própria tira-la para valsar. O salão da vida cobra isso, tem a expectativa que possamos compreender sua função maior. Travamos lutas, é verdade, porém, acredito que nos tornamos cúmplices e tirei proveito da tristeza que o luto traz. (até mesmo escrevendo esses textos). Depurei a mente e em conseqüência a alma.

A morte do luto (Fim)

O fim do luto chegou é certo. Mas lá no fundo do peito, da alma, algo mesmo que vazio permanece. De certo em alguma outra dimensão nosso reencontro está marcado. Tudo há seu tempo, o luto também teve um tempo de vida e de morte.

O espaço preenchido pela perda e ausência de você, me propiciou a vivência e elaboração de todas as minhas perdas, de algumas várias dúvidas, e principalmente de expansão e crescimento. Outras perdas virão, pois elas continuam a acontecer, o tempo não pára, a vida continua, mas sem sombra de dúvida, o meu olhar para elas está muito mais ampliado, numa dimensão iluminada. Tudo isso me foi trazido pela oportunidade de ter podido reverenciar e assumir o luto.

Na minha caminhada pela vida passei por pequenas e grandes perdas em conseqüência pequenos e grandes lutos. E tenho consciência que outros virão. Esse é o ciclo que temos que compreender: a morte e a vida caminham juntas. Mas por meio desse exercício, durante a elaboração desse livro, falando sobre um trecho da minha história (que me perdoe o leitor se abusei das particularidades), pude elaborar meu luto. Com esse trabalho do espírito fui conduzida a idéia de reverenciar a vida. E a melhor maneira é de se deixar viver, ação vital e nutritiva que deve ser regada constantemente.

Olhar para dentro nos ajuda a despertar. Aqueles que amamos nunca nos deixam, basta voltarmos para o nosso coração, lá estão eles. Como a música de Renato Russo: "Aonde está você agora além de aqui dentro de mim?".

Desta forma, por meio desse movimento de vida e morte, pude abrir novas possibilidades, portas abertas para a entrada do mais quente raio de sol: O AMOR!

A morte do luto também ocorre e o término desses registros não deixa de ser um luto. Vivi e revivi meu luto enquanto escrevi esses meus pensamentos. Teve sentido enquanto passou dentro da minha maior intimidade. Trouxe-me sentido do que passava dentro de mim. Vive enquanto se processa, e morre quando, do seu término. O luto tem sua existência. O luto tem um tempo, e também morre!

O ancião e sua foice não perdoam nem mesmo o sentimento de pesar e nos obriga a tirar as roupas pretas e vestir as cores de outro dia de sol. Sendo assim, seu instrumento de corte leva o que já morreu, assim como o Arcanjo Miguel, e traz novamente a vida para ser vivida.

O último ato

Houve um tempo em que o luto haveria de dissolver-se...
E assim foi,
diluindo
pouco a pouco
na continuidade da vida,
revigorada,
repensada,
passada á limpo.
Lembranças e fantasias permanecem
vivas,
porém,
um novo espaço,
o da possibilidade
se abriu,
onde
quem sabe
um outro amor
renasça,
reconduzindo
e retomando
a vida.

Amor sentido

Sinto a necessidade de refletir sobre o tudo e o nada, sobre o sem tido e o sentido, o sentir...

Os grandes amantes são capazes de morrer um pelo outro, eu viveria e estou vivendo por você, pois o sinto vivo em mim.

Nesses devaneios, nessa fantasia temos a eternidade.

Sou a metade que posso ser e minha outra metade foi você (nessa junção o amor se configurou). Só podemos ser um quando esse Amor toma proporção e é sentido como sentimos. Vivemos nosso amor e ele continua vivo, apesar da sua morte. A morte levou você, mas não o que sentimos um pelo outro. O amor sentido continua vivo! O que se sente não se pode apagar.

O braço quente que me acolheu mesmo à distância foi o seu. O cuidado com minhas coisas, ainda que tolas coisas cotidianas, o carinho e consideração com a minha vida, pra saber como andava, eram de você que vinham durante todos esses anos. O amor se construiu por meio dessas atenções e desatenções. O amor se configura nessas pequenas grandes manifestações. Forma plástica, própria de cada dois.

Escutar o de dentro, o que tem dentro leva ao conhecimento do que se é. Você sempre esteve dentro de mim e eu dentro de você. Esse "sentido" sempre nos norteou. Sentido é apenas sentido. Não tem que se explicar, tem que se sentir!

O amor verdadeiro fica ou levamos conosco

Permitir que a razão tomasse o rumo do coração foi um processo que tive que aprender. O amor se configura em formas de sentir. O colorido da nossa aquarela fomos nos que construímos. Meu coração sabe disso! Não há necessidade de provar nada a ninguém. Eu sinto! A escolha dessa caminhada solitária é minha, dependeu e depende de mim.

O que vai no fundo do meu baú só a mim pertence. O que sinto é real ainda que por mecanismos de defesa. Joguei a pedra no lago e os círculos que na água foram projetados construíram a imagem de você em mim.

O risco de poder gostar, corremos juntos, e mesmo que o mundo não compreenda que forma de amor tenha sido essa, vivemos a dois esse estranho jeito de amor e amar. Ninguém pode julgar, negar o que o outro sente. Não existe? Existe sim, pois foi e é sentido. E foi vivido por mim e por você. E esse sentir é que traz sentido mesmo que para alguns não tenha sido, tenha somente "sem tido"! Se a minha verdade pode não ser a sua, apenas respeite-a ela é a minha VERDADE!

Amor, simplesmente Amor

Há as mais variadas formas de se experimentar e experienciar esse sentimento. Mas amor é simplesmente: Amor!

Só quem amou na vida mantém-se vivo e vive com vida! E vive a vida.

Vivenciar o amor seja de formas convencionais ou não é que nos compõe a própria vida. O que seria da vida se não fosse pelos amores sentidos? (mesmo que para aqueles que julgam seja como sem tido?). Pobre daquele que não possui um amor para pensar, lembrar, relembrar, viver, sentir!

Por isso, viva seu amor da forma que acredita, plenamente para ter um sentido de vida. E quando a morte chegar, possa levar consigo esse amor vivido e sentido!

Tudo está na cabeça

Uma escolha feita
Minha escolha feita
Renunciei outros encontros
Para viver nosso desencontro.
A onda forte levou você
Penhora, lamento
Amor adormecido
Fechar os olhos
É o melhor achado
Olhar pra dentro
A meditação mais silenciosa
Como a tarde que cai
Escondendo o barulhento dia
E no silêncio da noite escura
Deparo-me totalmente envolvida
Estou tão triste
Mas me consolo
Quando você fechou os olhos
Eu estava pensando em você

Enquanto a morte não vem

O final da vida é a morte, coisa óbvia embora finjamos que não seja assim, mas enquanto se esta vivo, temos obrigação de tentarmos ser felizes!

Antes que a memória apague, antes mesmo que a minha lucidez se embace com a inevitável rigidez do tempo, que essa parte minha desfaleça, resolvi escrever-te e a mim num movimento de não esquecer-te e nem de mim. Ser atuante na vida, enquanto a morte não vem, implica em aprender a lidar com as mortes. Somente desta forma é que se cria fortaleza e conquistamos a vida. É necessário aprender a seguir em frente e entender que é inevitável caminhar para morte.

Atuar no luto me fez compreender seu significado. Ficou dia a dia mais claro a necessidade de vivenciá-lo e, principalmente, refletir sobre ele para poder transformar. Mesmo que o mundo entretido na rotina de seu cotidiano não se dê conta, não perceba e não se importe com meu luto. Há de se cuidar da vida, dos mortos e das mortes. Nesses meses de silencio solitário, nesses momentos em que me calo, onde o luto me remeteu; mergulho nas entranhas do coração e nessa reflexão sigilosa, encontro, incoerentemente, paz e sentido para vida. Entrar no mais profundo de mim, propicia encontrar-me mesmo que com certo desassossego. Nesse manejo de se desenrolar, de se desnovelar, encontro na inquietude, sossego, tranqüilidade. Sou como o casulo da lagarta pronto para explodir para vida, vida nova, renovada, transformada. E sinto o universo ao meu lado.

A cada lembrança, a cada repasse na minha história, supero o terreno ermo e as armadilhas que o pântano de lidar com a morte apresentam. Passo a pisar em chão firme e o caminho se abre iluminado à minha frente. O futuro está na minha mão, cabe a mim segurá-lo e conduzi-lo.

O término desse livro também é um luto. Tem vida própria, vive enquanto escrevo esses textos, e morre um pouco a palavra que coloco o ponto final. Morre um pouco quando do término do que tenho a dizer. O luto tem um tempo e também morre!

Conclusão

A sombra invade e leva a luz. A sombra sorrateiramente apaga a luz. O lado feio do ser invade tomando conta do singelo.

No movimento e momento de quem parte.

Rápido deu sinais que o limite humano não decodificou. Por isso, permanece a fraqueza e impotência de quem fica. O vazio.

Vazio por ter que encarar o limite, o oco pela falta do outro que leva a expressão do rosto e o sonho, sonho projetado, porém sonhado junto. E fica a dor no peito, a lembrança do sorriso (lindo!), uma vontade de ir junto e de chorar. E choro! A sombra tenta invadir e apagar quem fica.

Mas a luz, ainda que no fundo tímida, invade e leva a sombra permanecendo o dia seguinte e a vida por viver.

O sorriso e o brilho do olhar ficam os mesmo, conhecidos e perpetuam no presente! O ungüento que me alivia é a lembrança da possibilidade que foi, e ainda me alimenta.

Conto as novidades em silêncio e sei que escutas e cuida.

Quem vivencia o luto tem a oportunidade de redescobrir a vida. (E isso só acontece com quem tem um sorriso para lembrar e um toque para aquecer).

Sob outra perspectiva, a vida se manifesta em cada detalhe, em cada gesto, nos símbolos, no amanhecer de um novo dia (a natureza é de grande auxilio nesse exílio), no dia a dia de quem fica, com a saudade e lembranças boas de quem foi.   Aprendi na pele como Rubem Alves bem disse: "a morte é onde mora a saudade." E em Baghavad-gita que: "Com a morte, não se perde nada daquilo que a alma adquiriu." E, principalmente, que a morte faz parte da vida está sempre aí e sempre estará, é o passo seguinte da vida! O caminho de todos nós, aonde a chegada para o lado desconhecido é inevitável!

Hoje, a saudade é escrever esse ensaio. E assim, tive que virar a página.

Quereis conhecer o segredo da morte.
Mas como podereis descobri-lo se não o procurardes no coração da
vida?"

Gibran Khalil Gibran em O Profeta.

Sonata

E quando os limites chegarem concretos...
E quando os antigos amigos já se tiverem ido...
Possa eu, com o que tenho preservado,
continuar a construir minha história, afinal a vida continua.
Possa AMAR sentido ou sem tido
Mas, possa AMAR!
Tenha a capacidade de cultivar novos amigos e amores
Mesmo dentro da limitação que me couber
Acompanhar a tecnologia da vida é vivê-la SEMPRE
Ainda que tenha que aprender a tocar um novo teclado
de cor e formatação diferentes daquelas que estava habituada
E que minha hora possa chegar suavemente,
mansamente como a brisa numa bela tarde de verão.
E minha música possa ser tocada
Com instrumentos e vários movimentos (mesmo que sejam
lentos),
Em três ou quatro, talvez.
E andamentos diversos
relacionados entre si
Num compasso harmonioso
Com a própria vida!

Luto e pandemia

Justamente nesse momento tão peculiar da humanidade, devido a isso tudo que estamos passando, resolvi colocar esse livro nas plataformas digitais, para que você, leitor, possa mais facilmente ter acesso às minhas reflexões. E espero que elas o auxiliem com as suas.

Como não voltar a falar sobre o luto nesse tempo de pandemia? Onde diariamente convivemos com ele escancarado. A morte paira na vida e submete a todos, sem exceção, a encararmos nossos lutos. O planeta enlutece e se entristece!

Perdas das mais variadas em tempos impostos de reclusão. A vida nos impele à reflexão mais profunda: sobre a ameaça da morte ter que aprender a viver. Tarefa árdua, mas que poderá vir a ser sublime depois que tudo isso passar. É o que todos desejamos.

O inimigo invisível, mesmo sem foice, devasta e degola, arrebata e leva alguém de alguém. O "morto de alguém" espalha a dor e a gente, egoisticamente, torce para ficar distante dos nossos. Mas, como não sofrer pelo outro diante de tamanha devastação? Afinal, o meu está no outro e o outro está em mim. Paralisa e com sua força assoladora esmaga os corações humanos. Impõe vivenciarmos um luto coletivo.

E enquanto escrevo esse texto, nós brasileiros atingimos 100 mil mortes. Quantas lágrimas caem nesse exato momento, seja pelo meu, seu ou nosso morto? Pais, mães, avós, tios, irmãos, filhos, amigos, amores sentidos, e chego à inevitável conclusão: todos seres humanos! Humanos com papéis e significados para alguém. Todas as nuances de luto estão sendo vividas, projetos estancados, obras inacabadas, caminhos que não levam a lugar algum, encontros desencontrados, fronteiras fechadas, gente disseminada.

Nossa existência colocada em risco amedronta e como a criança que teme o bicho papão, nos confrontamos com o medo do invisível, mas duramente concreto.

Todos vamos morrer, é fato, mas em contrapartida, nos perpetuamos no coração do outro, no qual fizemos valer a pena com nossa convivência.

Saudade é a marca que o morto que foi nos deixou e isso nos faz eternos. Quando lembrarmos de alguém, que seja pelo bom que deixou em nós. Se você morou no coração de alguém, permanece. Seja por um gesto, um carinho, um abraço, uma palavra, uma gargalhada, um momento que penetrou no coração de alguém. Ame alguém, ame alguém que te amou e te fez amar. Esse é o maior sentido da vida! E parece, de certa forma, que a pandemia veio para nos lembrar disso.

Que possamos sepultar nossos mortos e nossas pequenas mortes. Num desafio de retomar e reencontrar com a paz.

Estamos vivenciando uma obra coletiva de reinventar, absorver, enfrentar, compreender e, principalmente, colaborar e cooperar. A vida coletiva tem que ser retomada, reconstruída, revivida. A fonte há de ter um grande propósito para humanidade! Me conforto na crença e na entrega e, simplesmente, confio!

Espero, do fundo do meu coração, que esse livro escrito numa época que passou possa trazer ao leitor reflexão e continência em seu percurso pelas estradas do luto. Que possa auxiliá-lo nesse questionamento tão humano sobre o viver e morrer. Que possamos e que achemos recursos para enfrentar as possíveis seqüelas que esse tempo pandêmico deixar.

A vida é onde devemos centrar e focar, esse é o nosso maior objetivo. A vida é o nosso maior caminho!

Buscar a vida, após a pandemia, buscar com que a minha vida tenha sentido.

Ficamos em cada marca que deixamos no outro. Espero que com esses textos possa ter imprimido o melhor de mim em cada coração que esse livro tocar.

São Paulo, 2020.

Vana Bedaque

Agradecimentos

Muitas pessoas queridas passaram pela minha vida. Algumas permanecemos convivendo, outras por motivos de circunstâncias de vida não, porém ainda hoje fazem parte de mim.

Outras pessoas passarão, algumas também permanecerão outras não. (Esse é o ritmo da vida).

Mas dentro de alguns ganhos que tive sito algumas das pessoas que sempre me acolheram e em especial na confecção desse livro: Doralice França (Didi), a "companheira" de infância que cuidou e cuida de mim ainda hoje; Elizabeth Vaqueiro, a amiga que escuta; Marioty Marconi (hoje, *in memorian*), a amiga que com sua sabedoria orienta; Isabela Maria Magalhães Rodrigues, quem me ensinou que somos maiores que qualquer mutilação que a vida possa nos impor; Márcia Basseto Paes, a amiga e irmã pelas dicas; Raghy, o amigo que diagramou e desenhou a capa deste livro em sua edição física, maior expressão de amor; Yara Amélia Rocha, meio irmã, meio prima, amiga inteira sempre; Tovar Tomaselli e Lílian Wurzba Ioshimoto pelas palavras; Cilmara Bedaque e Regina Bedaque pela produção da foto da contracapa na 1º edição e pela diversão de compartilharmos das brincadeiras e da família. Na edição atual em *audiobook*, Sonia Scheffer e ao jornalista Rafael Moreno por darem voz ao meu *amor sentido* e ao Pedro Drudi quem diagramou e fez a capa da edição digital, meu muito obrigada! Só dividi-lo-ia com pessoas muito especiais!

Todos eles, meus amores sentidos!

Fale com a autora: amor.sentido@hotmail.com
Instagram: @psicologa.vanabedaque

www.ingramcontent.com/pod-product-compliance
Lightning Source LLC
Chambersburg PA
CBHW051442150726
48000CB00005B/2214